Peter Schweer

Die schnelle Fahrtenyacht

Trimm- und Regattatipps

Delius Klasing Verlag

Außerdem ist von Peter Schweer im Delius Klasing Verlag erschienen:

Das optimal getrimmte Rigg (YB 86)

Die Deutsche Bibliothek – CIP-Einheitsaufnahme

Schweer, Peter :
Die schnelle Fahrtenyacht : Trimm- und Regattatipps /
Peter Schweer. –
1. Aufl. – Bielefeld : Delius Klasing, 2000
(Yacht-Bücherei ; Bd. 129)
ISBN 3-87412-170-4

Titelfoto: Hans-Günter Kiesel
Umschlaggestaltung: Ekkehard Schonart
Zeichnungen: Peter Schweer / Karin Buschhorn
Fotos: Peter Schweer, Nico Krauss (Seite 19 u.)
Druck und Bindung: Ludwig Auer GmbH, Donauwörth
Printed in Germany 2000

Delius Klasing Verlag, Siekerwall 21, D-33602 Bielefeld
Tel.: 0521 / 559-0, Fax 0521 / 559-113
e-mail: info@delius-klasing.de
http://www.delius-klasing.de

Inhalt

Vorwort

Mein erstes Buch, »Das optimal getrimmte Rigg« (Delius Klasing Verlag), hat in vielen Bücherschapps an Bord und an Land einen festen Platz gefunden. Mit meinem neuen Buch möchte ich diejenigen unter den Fahrtenseglern ansprechen, die gelegentlich auch einmal Regattaambitionen haben. Ihnen möchte ich das entsprechende Rüstzeug vermitteln, erfolgreich mithalten zu können, speziell als Teilnehmer an den immer beliebter werdenden Yardstick-Regatten. Wer also an einer regionalen Regatta teilnehmen möchte, findet hier eine Fülle praxisorientierter Tipps. Vieles davon lässt sich natürlich auch sinnvoll beim Tourensegeln umsetzen. Denn wie heißt es doch so treffend: »Eine allein segelnde Yacht ist ein Fahrtenboot, zwei Yachten sind eine Regatta!«

Zusammengestellt worden sind hier Regatta-, Taktik- und Trimmtipps, die ich während rund 50 Jahren als Crew und später als Skipper und Yachttester der unterschiedlichsten Bootstypen – vom Piraten bis zur 12-m-R-Yacht – auf Regatten und Langfahrten gesammelt habe. Es dürften insgesamt einige hundert Jollen, Kielyachten und Mehrrumpfboote gewesen sein, die ich gesegelt habe. Auch stecken in diesem Buch viele Erfahrungen, die ich während meiner diversen »Happy Racing«-Regatta-Trainingsveranstaltungen im Mittelmeer machen konnte.

Bei den angeführten Beispielen zu den Ausweichregeln und dem taktischen Verhalten während einer Regatta ging es mir darum, bestimmte Situationen darzustellen, die sich so oder ähnlich immer wieder ergeben. Manchmal führen sie auch zu unvermeidlichen Protesten. So eine Protestverhandlung hat ihre eigenen Regeln, mit denen ein Fahrtensegler im Allgemeinen nicht so vertraut ist. Deshalb auch dazu ein paar praktische Hinweise.

Selbstverständlich ist es in diesem Rahmen nicht möglich, die gesamten Wettfahrtregeln darzustellen, zu interpretieren und zu kommentieren. Wer regattieren möchte, kommt kaum umhin, sich das vollständige Regelwerk zu beschaffen.

Erfolgreich segeln, das heißt zugleich mehr Spaß am Segeln zu haben, mehr Befriedigung vom Wasser mit nach Hause zu nehmen, heißt, intelligent und bewusster zu segeln. Es bedeutet keineswegs, immer das beste und teuerste Material haben zu müssen. Mehr zählen eine sorgfältig durchdachte Vorbereitung, ein gut aufeinander eingespieltes Team und das harmonische Miteinander an Bord. Und ein stets aufmerksamer und umsichtiger Rudergänger!
Die praktische Umsetzung dessen, was ich hier auf schriftlichem Wege zu vermitteln versuche, findet innerhalb meiner Riggtrimm-, Spinnaker- und Regatta-Trainingskurse statt. Alljährlich um Ostern, in der Bucht von Puerto Pollensa, auf Mallorca.

Hamburg im Sommer 2000 — *Peter Schweer*

Das Boot

Verschiedene Konstruktionen und ihre Eigenarten - Gewichtstrimm - Das Unterwasserschiff - Riggeinstellungen - Markierungen von Schoten, Fallen und Holepunkten

Je nach Konstruktion wollen Yachten unterschiedlich gesegelt werden. Ein im Unterwasserschiff besonders flacher Rumpf (typischer Vertreter: Jollenkreuzer) reagiert mit Geschwindigkeitsverlust und heftigem Ruderdruck bei weitaus weniger Schräglage als ein »auf dem Kiel gebauter« Rumpf mit ausgeprägtem S-Spant (Schärenkreuzer, Folkeboot, H-Boot). Niels Jeppesen, Konstrukteur der bekannten dänischen X-Yachten, sagte mir vor vielen Jahren während eines Tests der X-79: »Du solltest eine Schräglage von 15 Grad nicht überschreiten.« Konventionelle Rundspanter sind da erheblich unempfindlicher; hinzu kommt bei vielen älteren Yachttypen, dass sich aufgrund des langen achteren Überhangs bei Schräglage die Wasserlinienlänge (LWL) vergrößert und somit eine höhere theoretische Rumpfgeschwindigkeit ($\sqrt{LWL}$ x 2,43 [kn]) ermöglicht wird.
Ein Kuriosum ist beispielsweise beim Gewichtstrimm eines traditionellen Folkebootes zu beobachten. Es wird auf einem Vorwind-Kurs, auch auf einem windigen, nach vorn getrimmt. Warum? Die Antwort gibt die Rumpfform. Wird der schräge Löffelbug in das Wasser hineingedrückt, verlängert sich die LWL. Dass hierbei der steilere Spiegel aus dem Wasser herausgehebelt wird, spielt eine nur untergeordnete Rolle.
Dagegen ist ein solch vorlicher Gewichtstrimm bei (fast) allen Yachten bei Leichtwind zweckmäßig. Die Gewichtsverlagerung nach vorn bewirkt, dass die breite Heckpartie aus dem Wasser herausgehebelt wird. Hierdurch verringert sich die vom Wasser benetzte Unterwasserschiffsfläche. Das wiederum hat zur Folge: Reduzierung der Reibung und somit eine höhere Geschwindigkeit. Dass bei diesem Trimm die LWL verkürzt wird, ist unwichtig, denn bei Leichtwindverhältnissen erreicht das Boot ohnehin nicht seine theoretische Rumpfgeschwindigkeit.
Wird die Spiegelunterkante ins Wasser gedrückt, wird das Heckwasser verwirbelt.

Abb. 1: Vorbildlicher Leichtwindtrimm. Das Heck ist aus dem Wasser herausgehebelt worden.

Hierbei gluckst es zwar sehr melodisch maritim und es sieht auch recht malerisch aus, aber ein solch »festgesogener« Spiegel bremst erheblich. Deshalb sollte, vor allem bei Booten mit breitem flach auslaufendem Heck, stets darauf geachtet werden, dass der Spiegel bei Leichtwind vollständig aus dem Wasser herausgehebelt wird.

Ein Gewichtstrimm des Bootes nach Lee reduziert nicht nur zusätzlich die vom Wasser benetzte Unterwasserschiffsfläche, sondern er sorgt vor allem dafür, dass die Segel durch ihr Eigengewicht in ihre Profile fallen. Sie sind quasi auf Vortriebs-Standby eingestellt. Kommt jetzt der Hauch einer Bö, kann dieser sofort mit dem Vortrieb beginnen. Dümpelt man hingegen mit senkrechtem Mast auf dem See herum, die Segel hin und her flappend, wird der Böenhauch dazu verschwendet, die Profile der Segel zunächst zu formen, um dann erst anschließend die Windströmung aufzubauen und Vortrieb zu erzeugen.

Zu diesem Trimm noch ein Tipp: Je vorlicher ein Boot getrimmt wird, desto leichter lässt es sich auch nach Lee krängen. Ein extremes Beispiel: Bei einem 5,50-Meter-Boot soll das ausgerauschte Spinnakerfall wieder am Mast heruntergezogen werden. Jemand muss in den Mast. Die Crew steht auf dem schmalen Vordeck, um zu helfen. Ergebnis: die Schwimmlage ist derart instabil, dass das Boot im Hafen umkippt. Steht die Crew hingegen im Cockpit, kommt das breite Heck zum Tragen. Die Schwimmlage wird deutlich stabiler, das Boot kentert nicht.

Moderne Yachtkonstruktionen, beispielsweise die so genannten Sportboats wie Melges 24, Jantar 26 oder Beneteau 25, zeichnen sich durch schmale tiefgehende Kiele und noch schmalere Ruderblätter aus. Vor allem solche Yachten müssen bei Leichtwind gut in Fahrt gehalten werden. Denn die schlanken Profile wollen schnell umströmt sein, sonst erhöht sich die Abdrift drastisch. Deshalb sollten Wenden mit möglichst geringem Geschwindigkeitsverlust durchgeführt werden.

Abb. 2: Nachdem die Vordecksarbeit erledigt worden ist, sollte das Vorschiff umgehend wieder verlassen werden. Vorlicher Gewichtstrimm macht moderne Konstruktionen instabil.

Abb. 3: Schmale Profile von Kielen und Ruderblättern - wie dieses - arbeiten nur effektiv, wenn sie schnell umströmt werden. Fahrtverlust in Manövern möglichst vermeiden.

Bei Kurzkielern muss nach der Wende rechtzeitig und wohldosiert Stützruder gegeben werden. Ansonsten stellt sich aufgrund des in der Wende erzeugten hohen Drehmomentes ungewollt ein Raumschots-Kurs ein. Auch darf bei Leichtwind keine Höhe geschunden werden. Laufen lassen! Selbst wenn dabei zwei oder drei Grad Höhe verschenkt werden. Lieber mit Speed geringere Höhe fahren als mit »bester« Höhe zu versauern. Langkieler sind da unempfindlicher, sie werden allerdings bei zu schnellem Wenden heftiger abgebremst.

Bei frischem Wind gehört jedes Crewmitglied auf die »hohe Kante« (Luvdeck), an die breiteste Stelle, um ein effektives aufrichtendes Moment zu entwickeln. Wird zu vorlich getrimmt, nimmt die Stabilität jeder Yacht ab. Das ist, wie bereits beschrieben, vor allem bei kleineren breiten Booten sehr schädlich. Hieran sollte sich die Crew erinnern, wenn bei zunehmendem Wind Spinnaker gefahren wird und ein Crewmitglied auf dem Vordeck arbeiten muss. Das kann auf einem windigen Raumschots- oder Vormwind-Kurs schnell mal zum Aus-dem-Ruder-laufen führen. Schlanke, längere Yachten reagieren da übrigens sehr viel gelassener.

Wer meint, dass ein schweres Boot bei leichten Wind besser läuft als ein leichtes, weil der Schwung beim Nachlassen einer Böe länger anhält, der irrt. Denn: ein gewichtiges Boot bleibt während einer leichten Böe träge liegen. Es beschleunigt kaum. Deshalb gilt: je leichter, desto schneller! Auch bei allen anderen Windstärken. Es ist immer wieder erstaunlich, was so alles in Backskisten und sonstigen geheimen Winkeln an Bord schlummert und mitgeschleppt wird.

Neben der Reduzierung des Bootesgewichtes ist ein glattes Unterwasserschiff immens wichtig für gute Geschwindigkeit. Insbesondere bei Leichtwind, bei dem ein größerer prozentualer Anteil der entwickelten Vortriebskraft für die Überwindung des Reibungswiderstandes zwischen Wasser und Unterwasserschiff aufgewendet werden muss als bei Starkwind. Die Grundlage für eine glatte Oberfläche muss bereits im Winterlager geschaffen werden.
Unabhängig vom Typ eines Riggs sollten die Leewanten bei frischem Wind nicht lose herumschlackern. Das könnte bei viel Wind und Wellengang zu einer Gefahr für das Rigg werden. Denn es werden unberechenbare, dynamische Kräfte entwickelt. Das gilt vor allem für Yachten mit einer besonders hohen Anfangsstabilität, extrem gar für Mehrrumpfboote. Außerdem werden durch Biegebeanspruchung die Übergänge zwischen Walzterminals und den steifen Wantendrähten heftig belastet. Es kann zu Brüchen einzelner Kardeele und somit zur Schwächung des stehenden Gutes kommen.

Abb. 4: Ausreiten auf der hohen Kante stets dort, wo der Rumpf am breitesten ist.

Oberstes Gebot auf einem windigen Amwind-Kurs: Das Vorstag muss so stramm wie möglich gespannt sein. Hängt es übermäßig nach Lee durch, dann wird das Vorsegel sehr bauchig getrimmt. Es kann eine nur geringere Höhe am Wind gesteuert werden. Das Einstellen der Vorstagspannung wird bei den drei gängigen Riggtypen unterschiedlich gehandhabt. Beim Topprigg sorgt hierfür ein solider Acherstagsspanner. Beim 7/8-Rigg mit gepfeilter Saling ist eine hohe Oberwantenspannung dafür verantwortlich. Beim 7/8-Rigg mit Backstagen schließlich hat das Luv-Backstag diese Aufgabe.

Schnelleres Segeln hängt nicht nur vom Trimm und Know-how der Crew ab, sondern auch von der übersichtlichen Bedienung aller Leinen. Das Instrumentarium zum Trimmen muss leichtgängig und schnell erkennbar sein. Dazu gehört das Beschriften von Hebelklemmen, die Kennzeichnung von Fallen, Streckern und Schoten sowie das Markieren von Schot-Holepunkten.

Auch für die bequemere und schnellere Durchführung eines Reffvorgangs sind beispielsweise Markierungen auf dem Großfall zweckmäßig. Dieses wird beim Reffen so weit gefiert bis das Reffauge im Vorliek, mit sanfter Gewalt, in den Reffhaken am Lümmelbeschlag eingehängt werden kann. Das Vorliek wird hierbei leicht gespannt, das Reffauge kann nach dem Einhaken nicht unbeabsichtigt herausfallen. An den entsprechenden Stellen des Großfalls werden vor der Hebelklemme Markierungen angebracht, und zwar für das erste und zweite Reff. Sie erleichtern auch beim Fahrtensegeln, vor allem einer kleinen Crew, das Reffen. Oder wie wäre es mit einer Markierung der Stelle des Spinnakerfalls, an der das Segel vollständig hochgeholt wurde? Das vermeidet den häufig zu hörenden erstaunten Ruf: »Der ist ja noch gar nicht ganz oben!« Das anschließende Nachsetzen des Falls mit prall stehendem Spi kann eine zeitraubende und mühsame Sache werden.

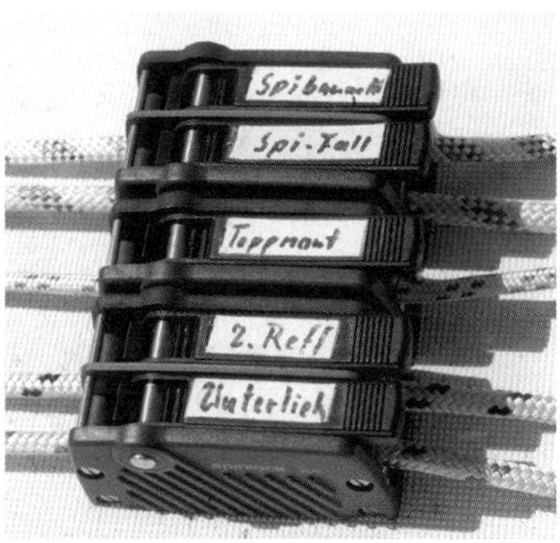

Abb. 5: Hebelklemmen sollten eindeutig beschriftet sein, um falsche Bedienung zu vermeiden.

Abb. 6: Ein verbreitetes Ärgernis. Beim Dichtholen der Schot hakt das Genua-Unterliek an der Seereling.

Abb. 7: Ein bis drei so genannte Salingsabweiser sorgen für problemloseres Übergehen des Genua-Unterlieks.

Eine Markierung auf dem Genuafall kann Vorsegel-Vorlieken vor Überdehnung schützen. Wichtig vor allem für empfindliche moderne Foliensegel. Angenommen, ein Vorsegel soll vor einer Lee-Bahnmarke gesetzt werden. Es weht frisch, das Vorstag hängt durch den achterlichen Winddruck gelockert herum. Jetzt wird das Vorsegelfall mit der Winsch stramm durchgesetzt. Zu stramm! Auf dem anschließenden Amwind-Kurs überträgt sich die volle Vorstagsspannung auf das Vorsegel-Tuchvorliek: Das (Draht-)Vorstag bleibt entlastet. Mit einer Fallmarkierung würde dies nicht passieren, das Segel würde geschont und nicht möglicherweise delaminiert.
Die Markierung der Vorsegel-Schotholepunkte sollte eine Selbstverständlichkeit sein, nicht nur für die Amwind-Kurse. Auch Markierungen für raume Kurse, bei denen die Holepunkte nach vorn verlagert werden sollten, sind zweckmäßig; beispielsweise für scheinbaren Windeinfall von 55, 70 und 90 Grad. Die richtige Position des Schotschlittens kann mit Windfäden im Vorsegel ermittelt werden (siehe Kapitel »Segeltrimm«).
Auf Yardstick-Regatten sind Segelnummern im Großsegel, in überlappenden Vorsegeln oder im Spinnaker nicht zwingend erforderlich. Aber: die Yacht muss von der Wettfahrtleitung und den Teilnehmern eindeutig zu identifizieren sein. Auf vielen Veranstaltungen muss ein Zahlenwimpel des internationalen Flaggenalphabets im Achterstag gesetzt werden. Startet die Yacht beispielsweise im Start 2, dann muss der Zahlenwimpel 2 gefahren werden. Dieses dient ebenfalls dazu, die Yacht besser zu identifizieren.

Das Yardstick-System

Kostenlose »Vermessung« des Rennwertes – Die Yardstick-Zahl – Känguru-Start – Ausrüstungs- und Baustandard – Sicherheitsrichtlinien – Seereling und Gewichtstrimm

Das Yardstick-Vergütungssystem wird immer beliebter. Es gestattet, ohne dass ein Boot kostenaufwändig vermessen werden muss, dass Yachten und Jollen unterschiedlicher Größe und Geschwindigkeit gegeneinander segeln können. Die Yardstick-Regeln und -Zahlen werden ausführlich in einer Broschüre des Deutschen Segler-Verbandes (DSV) erläutert. Hier das Wichtigste zu diesem System:
Die Yardstick-Zahl ist das ohne Vermessung ermittelte Handicap eines Schiffes. Hierfür gilt: Je mehr Schiffe eines Typs es gibt und je häufiger sie an Yardstick-Wettfahrten teilnehmen, desto genauer kann die Einstufung erfolgen.
Wenn jemand bei Klassenbooten oder Werftklassen oder anderen Typen, die in der Yardstick-Liste geführt werden, bei der Meldung zu Yardstick-Wettfahrten Umbauten verschweigt, welche die Schiffsgeschwindigkeit verbessern, dann soll nach Regel 69 der Wettfahrtregeln – Segeln verfahren werden. Diese Regel behandelt das Thema »Grobes Fehlverhalten« und kann die Sperre an weiteren Wettfahrten nach sich ziehen. »Beliebte« Umbauten sind: höheres Rigg, längerer Kiel, übergroßer Spinnaker, um nur die häufigsten zu nennen.
Die berechnete Zeit ergibt sich aus gesegelter Zeit x 100 : Yardstick-Zahl. Daraus erkennt man: Je kleiner der Yardstick-Wert, desto »ungünstiger« das Handicap.
Die Yardstick-Zahlen einiger bekannter Bootsklassen:

Drachen	107	Albin Express	105	Varianta	115
Lacustre	98	Bavaria 707	114	Etap 22	113
30-m²-Schärenkreuzer	96	Carter 30	107		

Jeder Veranstalter einer Regatta kann regional von diesen DSV-Yardstick-Zahlen abweichen. Vielerorts werden diesbezüglich so genannte Revierlisten geführt, beispielsweise auf dem Bodensee oder der Lübecker Bucht.

Bei einem »Känguru-Start« wird die Startzeit des theoretisch langsamsten Bootes (höchste Yardstick-Zahl = Nullboot) festgelegt. Alle folgenden Boote starten ihrer Yardstick-Zahl entsprechend später. Die Folge-Startzeiten dieser Boote werden von der Wettfahrtleitung bekannt gegeben. Vorteil dieser Startmethode: Die Spannung wächst zum Ende der Wettfahrt, da theoretisch alle Boote gleichzeitig in das Ziel gelangen müssten und sich dann ein Kampf Boot gegen Boot ergibt. Der Zieleinlauf entspricht der Platzierung. Für die Wettfahrtleitung entfällt also das Ausrechnen der berechneten Zeiten.
Der Yardstick-»Rennwert«, die Yardstick-Zahl, bezieht sich hinsichtlich der Ausrüstung eines Bootes auf den Standard-Lieferumfang der Werft. Dieser muss sich während einer Yardstick-Regatta an Bord befinden. Gehören beispielsweise Polster, Seereling oder Großsegel-Rollreffanlage dazu, dann darf weder etwas entfernt noch etwas daran geändert werden. Es sei denn, die Crew akzeptiert eine abweichende Yardstick-Zahl. Andererseits dürfen so typische Extras, wie Sprayhood, Cockpittisch, Cockpitgräting oder Rettungsinsel an Land gelagert werden.
Weiterhin sind die »Sicherheitsrichtlinien für die Ausrüstung und Sicherheit von Segelyachten« bindend. Diese sehr vernünftigen und aus der Regattapraxis heraus entstandenen Richtlinien können in Form einer Broschüre von der Kreuzer-Abteilung des DSV bezogen werden (Gründgensstraße 18, 22309 Hamburg; Telefon 040 - 6 32 00 90, Fax 040 - 63 20 09-28). Sehr empfehlenswert! Diese Richtlinien teilen die Fahrgebiete in Sicherheitskategorien auf. Hier die kurzgefasste Kategorieeinteilung:

0 Trans-Ocean-Regatten
1 Langstreckenfahrten fern der Küste
2 Fahrten von längerer Dauer, nicht weit entfernt von Küstenlinien
3 Fahrten über offenes Wasser, das größtenteils geschützt ist
4 Kurze Fahrten in Ufernähe
5 Binnenreviere

Jeder Regattaveranstalter legt in seiner Regattaausschreibung die Kategorie des Fahrgebietes fest, sodass jedes Boot entsprechend den Sicherheitsbestimmungen dieser Kategorie ausgerüstet werden kann.
In Bezug auf Ausrüstung und Sicherheit sei an dieser Stelle auf eine besonders bei kleineren Booten häufig praktizierte Unart hingewiesen: Die Seerelings-Drähte

Abb. 8: Wenn eine Seereling vorgeschrieben ist, darf der obere Draht nicht – wie hier – heruntergebunden werden.

Abb. 9: Auf Regatten nicht erlaubt: Gewichtstrimm mit dem Oberkörper außerhalb der Seereling bei nur einem Durchzug.

werden extrem lose gefahren, um das Körpergewicht möglichst weit nach Luv verlagern zu können. Die erwähnten Sicherheitsrichtlinien sagen hierzu: »Wenn ein Durchzug mit 50 Newton (5,1 kp) mittig zwischen zwei Stützen belastet wird, dann darf er nicht mehr als 50 Millimeter durchhängen.« Das ist eindeutig definiert. Auch die Wettfahrtregeln-Segeln beschäftigen sich mit dem Thema »Austrimmen durch die Crew«. Hier heißt es: »... die Teilnehmer dürfen keinen Teil ihres (Körper-)rumpfes außerhalb der Seereling positionieren, außer zeitweilig, um notwendige Aufgaben auszuführen. Bei Yachten, die mit einem oberen und einem unteren Relingsdurchzug ausgerüstet sind, darf ein Besatzungsmitglied, das an Deck mit dem Gesicht nach außenbords und in Gürtelhöhe innerbords des unteren Durchzugs sitzt, sich mit dem Oberkörper außenbords des oberen Relingsdurchzugs befinden.« Bei kleineren Booten (Länge unter 8,50 m) wird in der Regel nur ein einziger Relingsdraht gespannt. Dann muss sich jedes Crewmitglied innerhalb dieses Drahtes aufhalten. Ausnahme bilden Beine, Arme und Kopf.

Die Crew

Pflichten des Rudergängers, Skippers und der Crew - Regattapsychologie - Motivation und Demotivation - Aufgabenverteilung - Regattasegeln soll Spaß bringen

Der Rudergänger ist im Crew-Orchester der Dirigent. Es sei denn, Skipper oder Eigner haben dieses anders bestimmt. Der Steuermann entscheidet. Und zwar so rechtzeitig, dass sich die Crew darauf einstellen kann. Eine ungeübte oder körperlich schwächere Crew muss entsprechend früher und ausführlicher informiert werden als eine in Regatten erfahrene. Es geht wie auf einem Management-Schulungskursus zu, auf dem bereits in den ersten Stunden gelehrt wird: »Der Sender muss sich auf den Empfänger einstellen.« Der Sender ist der Rudergänger, der Empfänger die Crew. Kann der Steuermann keine klaren Anweisungen geben, wird er nicht verstanden und der Misserfolg auf einer Regatta ist vorprogrammiert. Andererseits sollte der Rudergänger von seiner Crew auch vor Fehlentscheidungen gewarnt werden. Denn Segeln ist ein Mannschaftssport, nicht nur im Sinne des olympischen Gedankens. Nicht die Einzelleistung des Steuermanns zählt, sondern die Gesamtleistung von Crew und Steuermann. Ruft der Rudergänger »Klar zur Wende!«, sollte eine aufmerk-

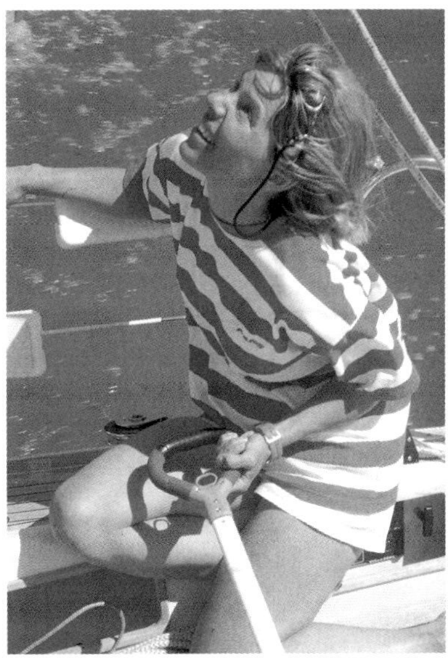

Abb. 10: Um exakt steuern zu können, ist die laufende Beobachtung der Segel und besonders der Windfäden in der Genua unerlässlich.

same Crew darauf hinweisen, dass man nach der Wende möglicherweise einem anderen Boot direkt vor den Bug läuft. Die Crew muss bereit sein mitzudenken, denn der Rudergänger soll in erster Linie nur sauber steuern, während die Crew Wind, Böen, Kompass und Gegner im Auge behalten sollte.

Verwertbare Informationen für den Rudergänger sind gefordert, wie beispielsweise: »Bei Yacht A geht der Spinnaker hoch, lasst unseren auch schon mal auf der Backbordseite vorbereiten.« Oder: »Yacht B kann reichlich höher segeln, lasst uns schnell zum neuen Wind hin wenden.« Das sind Informationen, die der Rudergänger zum Wohle des Ganzen verwerten kann. Hinweise allerdings wie »die anderen segeln alle viel schneller da hinten« oder »die kommen alle von achtern auf«, während man selbst in einem Flautenloch herumtreibt, sind unbrauchbar.

Auch ständige Negativinformationen wie »die holen wir nie ein« oder, nach einem verpatzten Start, »das hat doch kein Zweck mehr« führen nur zur Energielosigkeit. Positiv denken ist angesagt! Auch wenn es nicht stimmen mag, dass ein Gegner zurückgefallen ist, sondern in gleichem Abstand raumschots hinterher fährt, so gibt doch die »wohlgemeinte Lüge« (Zitat Manfred Curry) »er ist etwas zurückgefallen« dem Rudergänger und der restlichen Crew Auftrieb. Und wie oft schon ist vor dem Start der Spruch gefallen: »Bei dieser Yardstick-Zahl haben wir überhaupt keine Chance.« Das demotiviert ungemein. Und diese Meinung ist falsch, denn auf vielen Wettfahrten bieten sich - vor allem bei drehendem Leichtwind - auch viele Möglichkeiten, sich nach vorn zu segeln. Man muss die Chancen nur nutzen. Und das ist nicht allein die Aufgabe des Steuermanns, sondern die der gesamten Crew. Wer sich ständig über seine Yardstick-Zahl, schlechtes Bootsmaterial, die Crew/den Skipper, das Wetter, die Gegner oder über die Wettfahrtleitung ärgert, der sollte die sportliche Auseinandersetzung auf dem Wasser anderen überlassen.

Und dann gibt es noch die »Brüllaffen« unter den Regattaseglern, die sich so ganz in dem Sinne gebärden: »Wir müssen siegen, segeln ja schließlich nicht zum Spaß.« Tun wir doch! Oder sollten es jedenfalls. Nur einige Skipper vergessen das. Sie sind es dann, die im Laufe der Saison mit ständig wechselnden Crews antreten (müssen). Es ist mir auch unverständlich, dass Beleidigungen oder gar tätliche Auseinandersetzungen während einer Wettfahrt, später an Land angekommen, ungeschehen gewesen sein sollen. Jeder Skipper sollte davon ausgehen, dass die Crew zum Spaß am Segeln mitfährt und bereit ist ihr Bestes zu geben.

Ein guter Rudergänger zeichnet sich dadurch aus, dass er rechtzeitig eindeutige Anweisungen gibt und der Crew seine Absichten begründet. Und zwar personengebunden, um zu vermeiden, dass mehrere Crewmitglieder gleichzeitig zur gleichen Arbeit springen. Wer bei einem missglückten Manöver lauthals herumbrüllt, hat schon verloren ... an Achtung.

Um das Beste aus einem Boot an Geschwindigkeit herauszuholen, sollte stets nach dem Grundsatz »Das Wichtigste zuerst« gehandelt werden. Wenn beispielsweise nach dem Runden einer in Luv liegenden Bahnmarke ein Spinnakerkurs angesagt ist, dann ist es nach dem Umrunden das Wichtigste, dass der Spinnaker zum Stehen gebracht wird. Alles andere ist zunächst unwichtig. Erst wenn der Spinnaker zieht, kann sich die Crew um Nebensächlichkeiten kümmern. Oder ein anderes typisches Beispiel: Auf einem windigen Amwind-Kurs ist es, vor allem auf

Abb. 11: So wird man gewiss nicht schneller: Statt Gewichtstrimm auf dem Luvdeck hat sich die Crew übers Cockpit verteilt. Die oberhalb des Baums, am Großsegel-Achterliek anliegende Spinnaker-Leeschot behindert das Fieren des Großsegels in einer Bö. Sie muss unterhalb des Baums verlaufen.

trimmempfindlichen oder kleinereren Booten, das Wichtigste, dass die Crew auf »der hohen Kante« (Luvdeck) austrimmt. Also müssen auf dem vorangegangenen Raumschots- oder Vormwind-Kurs sämtliche Trimmeinstellungen so rechtzeitig vorgenommen werden, dass niemand auf dem anschließenden Amwind-Kurs in Lee herumzukrebsen braucht. Der Rudergänger muss erkennen, welche Arbeiten links und welche rechts vom Komma stehen. Das muss der Crew vor Manövern deutlich gesagt werden, sollte diese das nicht selbst erkennen.
Schließlich sollte jedes Crewmitglied entsprechend seinem Können und seiner Körperkraft sinnvoll eingesetzt werden. So ist beispielsweise beim Kreuzen unter windigen Bedingungen eine zarte Damenhand an der Genua-Winschkurbel unzweckmäßig. Andererseits ist unter diesen Bedingungen der Kraftaufwand an der Pinne - guter Segeltrimm vorausgesetzt - gering. So gering, dass die erwähnte Damenhand damit gut klarkommen sollte. Warum also nicht ein »Rollentausch«? Nicht nur bei der sprichwörtlichen Damenbrise.
Eine Crew, die sich gut versteht und ein wenig geübt hat, wird auch an Bord ohne viele Worte harmonieren. Hat sich der Rudergänger zu einem Manöver oder zu einem Kurs entschieden, dann kommt es stets bei der Crew gut an, wenn er auch hierbei seine Handlung begründet. Zu vermeiden ist eine parallel zur Entscheidung aufkommende Diskussion. Ist die Entscheidung gefallen, dann herrscht Ruhe an Bord! Diskutieren kann man später.
Mein Vorschoter Gerd und ich segelten viele Jahre gemeinsam eine Zweimann-Trapezjolle. Wir sprachen während der Wettfahrten kaum miteinander, allenfalls fragte Gerd: »Gegen wen spielt der HSV heute eigentlich?« Gerd verstand seine Arbeit vorlich des Travellers und ich steuerte ihn deshalb schnell durch die Gegend. Eines Morgens auf dem Steinhuder Meer: Wir rundeten als erstes Boot die Luv-Bahnmarke. »Gerd, Spi hoch!«. Eigentlich war es völlig klar, dass der Spinnaker kommen musste. Das hätte ich ihm nicht zu sagen brauchen. Der Spi stand, wir glitschten zur nächsten Tonne. Gerd drehte sich aus dem Trapez zu mir um: »Wolltest du mir eben ein Gespräch aufdrängen?«
Auch wenn es mal weniger erfolgreich laufen sollte, stets daran denken: »Segeln soll Spaß bringen.« Ein netter Spruch dabei lockert immer auf. Und bei der Auswahl der Crewmitglieder sollte nicht nur das Können eines jeden Einzelnen bewertet werden. Wichtig ist, dass die Crew menschlich zusammenpasst und sich ergänzt.

Das Revier

Windrichtungsänderungen durch Landeinflüsse – Thermische Winde – Gezeiten

Jedes Revier hat seine ganz typischen Eigenarten. Diese gilt es rechtzeitig zu ermitteln. Stärke und Richtung des Windes können durch Landformationen und Thermik beeinflusst werden. Auf Seerevieren spielen Strömung und Wellenbild eine zusätzliche Rolle bei der Kurswahl.

Bei Ablenkung durch Landeinfluss folgt der Wind meist dem geringsten Widerstand. Er wird also nicht quer zu einem mit Hügeln oder Bergen umgebenen See oder Flussdelta verlaufen.

Markantes Verhalten einer Winddrehung ist beispielsweise auf dem österreichischen Achensee zu beobachten. Dieser See wird links und rechts von hohen Bergen umgeben. Der Wind folgt der Gestalt des Sees. Will man also vom Start zum Ziel kreuzen, dann kommt beim »Abbiegen« des Sees nach links eine Linksdrehung des Windes (siehe Abb. 12). BLUES macht es richtig und fährt links heraus und kann nach dem »Knick« des Sees auf dem Steuerbord-Bug besonders hoch laufen. HOBEL fährt

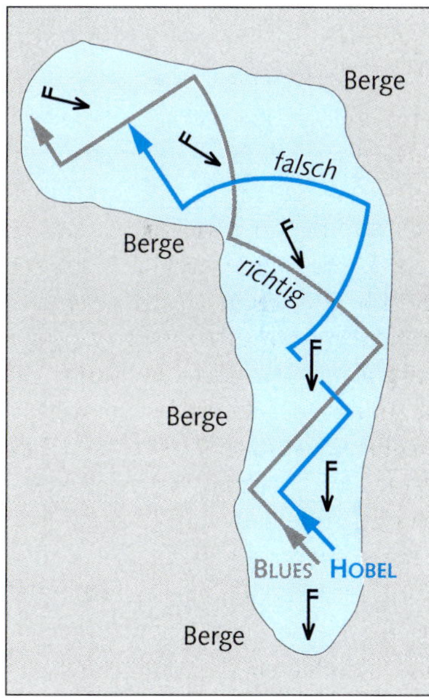

Abb. 12: Der Wind folgt der Gestalt des Gewässers. Beim Abknicken des Sees nach links erfolgt ein Linksdreher. BLUES segelt deshalb links heraus und ist vor HOBEL im Ziel.

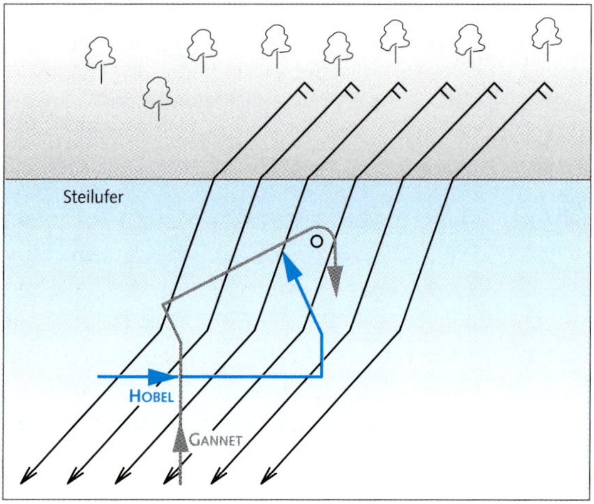

Abb. 13: Brechung des Windes durch den Übergang Land/Wasser. Aus Sicht der aufkreuzenden Yachten dreht der Wind zunehmend nach links. Also links halten je näher man der Bahnmarke kommt. Gannet lag vor Umrunden der Bahnmarke hinter Hobel. Das wird sich aufgrund der gewählten Kurse ändern. Wie weit dieser »Brechungseffekt« aufs Wasser hinaus reicht, muss geprüft werden.

rechts heraus und muss nach der Wende auf Backbord-Bug zunehmend abfallen. In Abb. 13 wird dargestellt, wie der schräg vom Land auf das Wasser treffende Wind durch ein Ufer abgelenkt (»gebrochen«) wird. Sicher nicht ganz so krass wie dargestellt. Eine solche Brechung ist uns aus der Optik bekannt, wenn ein Lichtstrahl vom dichteren Medium, beispielsweise Glas, in ein dünneres Medium, beispielsweise Luft, trifft. Hobel und Gannet kreuzen zu einer in Luv gelegenen Bahnmarke. Die Brechung der Windrichtung verursacht bei Annäherung an die Tonne eine Linksdrehung. Gannet segelt links, Hobel rechts heraus und muss einen deutlich längeren Weg bis zur Tonne zurücklegen.

Trifft der Wind auf eine Landzunge (Huk), wird er um diese herumgepresst. Stärke und Richtung des Windes ändern sich. Daher ist es vorteilhaft, wenn – wie in Abb. 14 dargestellt – ein Kurs auf die Huk zu gesteuert wird.

Thermischer Wind entsteht bei intensiver Sonneneinwirkung auf das Land. Je größer der Temperaturunterschied zwischen Wasseroberfläche und Land, desto kräftiger die thermische Wirkung. Typischer Fall: Morgenflaute auf einem Binnenrevier. Bei strahlendem Sonnenschein erwärmt sich das Land schneller als das Wasser. Die erwärmte Luft steigt nach oben. Kältere Seeluft wird nachgesogen. Die Folge: In Ufernähe entsteht ein senkrecht zum Ufer wehender, thermischer

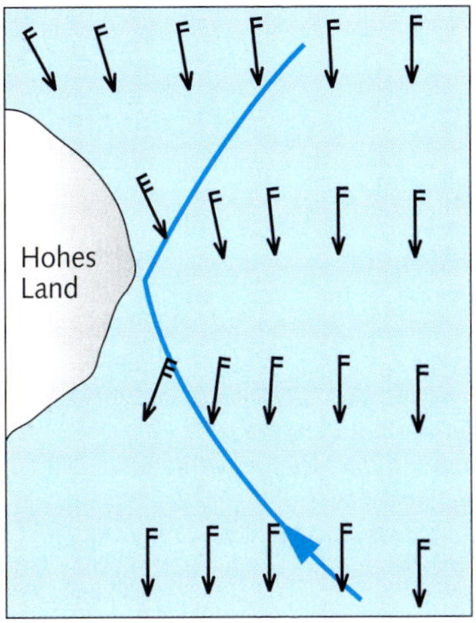

Abb. 14: Der »Eckeneffekt«. Je hügeliger oder höher das Land, umso größer die Wirkung. Stets auf solche Ecken zusegeln, dort wenden und zunächst weitersegeln.

Wind, während es in Seemitte flau bleibt (siehe Abb. 15). Führt der Kurs nun, wie in der Abbildung dargestellt, von unten nach oben, wäre es unklug, durch die Mitte des Sees zu kreuzen. Die Thermik ausnutzend, führt der schnellere Kurs entlang einer der Uferzonen. Aber an welcher? Diese Entscheidung ist abhängig von der Hauptwindrichtung. Bei Richtung »2« ist es zunächst ziemlich gleichgültig zu welchem Ufer man fährt. Bei der Wahl können ganz lokale Verhältnisse entscheidend sein. Sollte beispielsweise an der linken Seeseite ein Südhang sein (Näheres später), dann würde dieses Ufer bei starker Sonneneinwirkung bevorteilt. Bei Richtung »1« sollte die rechte Seite des Sees bevorteilt sein, denn der Wind der Großwetterlage addiert sich vektoriell mit dem thermischen. Außerdem ist diese die nicht

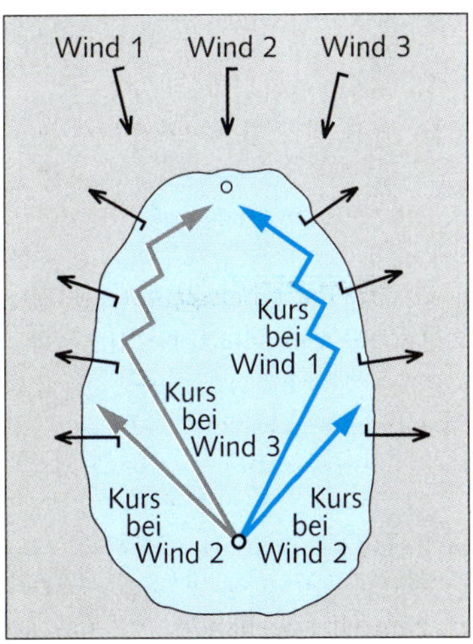

Abb. 15: Bei »Wind 2« ist es zunächst ziemlich gleichgültig, unter welches Ufer man fährt, wenn nicht lokale Einflüsse hinzu kommen.
Bei »Wind 1« ist die rechte Seite des Sees bevorteilt, weil der Wind der Großwetterlage sich mit dem thermischen addiert. Außerdem wäre dies die freie Leeseite.
Für »Wind 3« gilt Analoges wie für »Wind 1«.

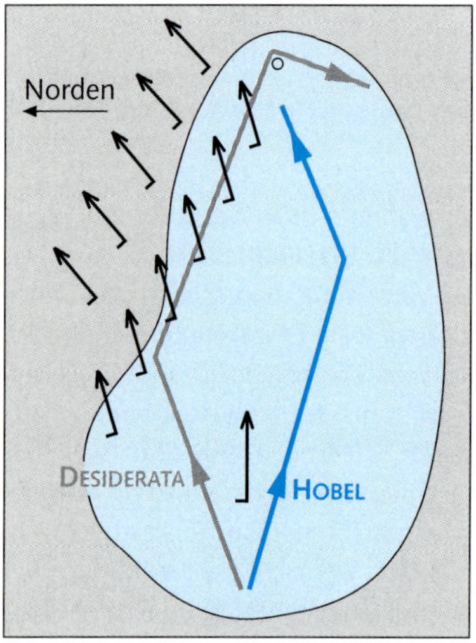

Abb. 16: Beide Yachten kreuzen bei flauem Wind vor dem Wind. DESIDERATA segelt auf Steuerbord-Bug zum Südhang, während HOBEL auf Backbord-Bug losfährt. Durch die vektorielle Addition von Hauptwindrichtung und thermischem Wind fällt der Wind bei DESIDERATA zunehmend achterlicher ein. Sie wird dadurch langsamer, halst und nutzt jetzt den sich verstärkenden und raumer drehenden Wind auf Backbord-Bug. HOBEL halst nach etwa 2/3 Vormwind-Strecke. Je näher sie dem linken Ufer kommt, umso achterlicher fällt der Wind ein und verlangsamt die Fahrt. DESIDERATA dürfte HOBEL an der Tonne einige Minuten abgenommen haben.

abgedeckte Leeseite. Bei Richtung »3« gilt Analoges wie für Richtung »1«, nur eben für die linke Seite des Sees.

Bei thermischen Verhältnissen ist zusätzlich zu berücksichtigen, dass die Wärmebildung auf der Nordseite eines Gewässers, also an einem Südhang (beste Lage für Weinanbaugebiete), sehr viel intensiver ist als auf der Südseite (Nordhang). In der Abb. 16 ist zu erkennen wie dieses zum Vorteil ausgenutzt werden kann.

In der Kühle des Abends und der Nacht kehrt sich dieses Thermikspiel irgendwann um. Dabei kühlt sich nun das Land schneller als das Wasser ab. Über dem See steigt die warme Luft nach oben und zieht die abgekühlte Landluft nach sich. Thermischer Landwind tritt ein.

Fazit: Der thermische Wind allein betrachtet weht senkrecht zum Ufer. Der Gesamtwind setzt sich aus dem der Großwetterlage und dem thermischen in Richtung und Stärke vektoriell zusammen.

Die taktisch richtige Anwendung von Gezeitenströmungen ist nicht immer ganz einfach. Während zum Fahrtensegeln ein preisgünstiger Tidenkalender ausreichend ist, möchte man zum Regattasegeln etwas genauere Angaben haben als nur die Zeiten für Hoch- und Niedrigwasser. Es interessieren die Fragen, wie lange die Strömung nachläuft und zu welchem Zeitpunkt mit welcher Stärke in welche Richtung? Darüber gibt ein Stromatlas Auskunft oder es helfen regionale Erfahrungswerte. So ist beispielsweise von Flüssen mit Gezeiteneinwirkung bekannt, dass die Strömung in der tiefen Fahrwassermitte länger nachläuft als in flacher Ufernähe. Angenommen im Tidenkalender wird angegeben: »Hochwasser 13 Uhr«. Dann ist es durchaus möglich, dass der Ebbstrom unter Land bereits um 13.30 Uhr einsetzt, während es im Hauptfahrwasser noch eine weitere Stunde aufläuft.

Schwierig richtig einzuschätzen ist das Strömungsverhalten auf gezeitenfreien Küsten- und Seerevieren, beispielsweise auf der Ostsee. Zwar veröffentlicht die Kreuzer-Abteilung des Deutschen Segler-Verbandes Strömungskarten in Abhängigkeit verschiedener Windrichtungen. Diese Werte jedoch gelten nur für länger andauernde, konstante Windverhältnisse. Deshalb hilft nur, rechtzeitig zum Regattagebiet auszulaufen und zum Strömungscheck nahe an einer Regattaboje oder einem schwimmenden Seezeichen vorbeizufahren.

Abb. 17 zeigt einen Fluss mit Gegenstrom. Die Yachten HERZ-JUNG und HOBEL kreuzen gegen den Strom. Grundsätzlich nimmt sich die Strömung den Weg des geringsten Widerstandes. Und das Flachwassergebiet über einer Sandbank bedeutet: Reibung. Also wird auf der Sandbank der Gegenstrom geringer sein

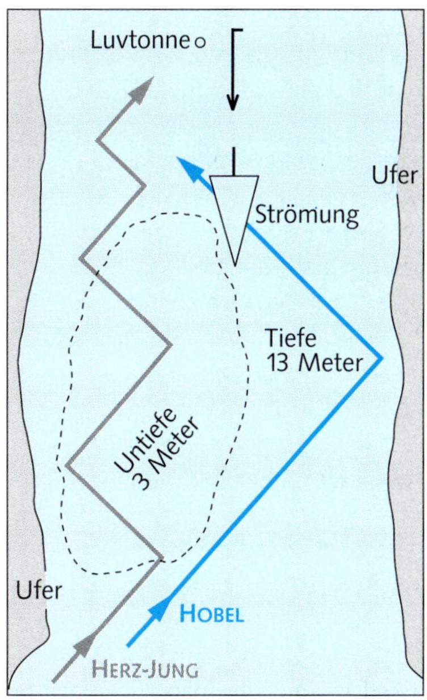

Abb. 17: HERZ-JUNG liegt zu Beginn der Kreuzstrecke hinter HOBEL, nutzt jedoch durch kurze Schläge die geringere Gegenströmung über der Untiefe und wird die Luvtonne vor HOBEL erreichen. HOBEL muss zweimal die Hauptgegenströmung queren und wird dadurch zurückgeworfen.

als im tieferen Wasser. Herz-Jung nutzt dieses aus und wird die Tonne vor Hobel erreichen.

Mitentscheidend für eine gute Platzierung auf einer Regatta kann auch sein, dass man sich über die Wellenbildung auf der Bahn Gedanken macht. Manchmal lohnt es sich auf einem Amwind-Kurs eine geringere Windstärke in Kauf zu nehmen, dafür aber auf glattem Wasser zügiger voranzukommen. Zweckmäßig ist auch das Prüfen von Landabdeckungen wie Wälder, Berge, Kaianlagen, Steilufer oder sonstige Gebäude. Auf Revieren mit Berufsschifffahrt muss rechtzeitig überlegt werden, auf welcher Seite ein Schiff passiert werden soll. Dafür ist es wichtig zu wissen, welchen Kurs der Containerfrachter oder die Fähre bis zum Passieren möglicherweise einschlagen wird. Manchmal lohnt es sich, einen etwas weiteren Weg zu segeln, dafür den »Dampfer« aber an seiner Luvseite zu passieren. Denn die Abdeckung und das »Zerreißen« des Windes durch die hochhausähnliche Masse eines Containerschiffes kann viele Bootslängen kosten.

Auch der Winkel des eigenen Kurses zu den Bug- und Heckwellen schnell fahrender Motorboote oder Schiffe sollte bedacht werden. Wer mit seinem Boot vierkant in diese Wellen hineinplatscht, wird abgebremst. Wer sie in einem stumpfen Winkel oder gar parallel ansteuert, der erleidet deutlich geringeren oder gar keinen Geschwindigkeitsverlust.

Und schließlich sollte sich Informationsbedarf über ein Revier auch auf lokale Wetterberichte erstrecken. Dazu gehört die Kenntnis der Frequenzen von Regional-Rundfunksendern.

Der Segeltrimm

Raumschots- und Amwind-Grundtrimm – Vorsegel-Rollreffanlagen – Trimm und Handhabung bei böigem Wind – Ruderdruck – Windfäden in Vorsegel und Großsegel

Dieses Kapitel wird in meinem Buch »Das optimal getrimmte Rigg« ausgiebig behandelt. Deshalb ist an dieser Stelle nur das Wesentliche zusammengefasst und in einigen Punkten erweitert worden.
Das Thema Rigg- und Vorstagspannung ist im Kapitel »Das Boot« nachzulesen. Grundsätzlich gilt: je mehr ein Mast gebogen wird, desto flacher wird das Großsegelprofil getrimmt.

- **Segeltrimm raumschots:** Groß- und Vorsegel werden bauchig eingestellt; das bedeutet, dass der Mast gerade und die Lieken der Segel lose getrimmt werden. Der Großbaum-Niederholer bestimmt die Spannung des Achterlieks und somit die Verwindung des Segels. Die Vorsegel-Schotholepunkte sollten auf dem Seitendeck nach vorn verlagert werden.
- **Segeltrimm Amwind:** Bei leichtem Wind bleiben die Segelprofile noch bauchig eingestellt. Erst bei zunehmendem Wind werden sie abgeflacht. Bei glatterem Wasser frühzeitiger als bei bewegter See. Dieses Flachtrimmen erfolgt durch Biegen des Mastes und durch Strecken von Vor- und Unterlieken.

Bei Vorsegel-Rollreffanlagen ist darauf zu achten, dass der Schot-Holepunkt bei zunehmender Verkleinerung der Segelfläche nach vorn verlagert wird, andernfalls neigen die meisten Yachten dazu, luvgierig zu werden.
Segeltrimm und Handhabung der Schoten bei böigem Wind: Bei übermäßiger Schräglage wird (fast) jedes Boot stark luvgierig und droht aus dem Ruder zu laufen. Kommt die Böe, gilt es zunächst die Segel abzuflachen. Eine stark luvende Wirkung wird durch zu viel Winddruck auf dem Großsegel-Achterliek erzeugt. In diesem Bereich sollte der Wind das Segel mit weniger Druck verlassen. Das er-

Abb. 18

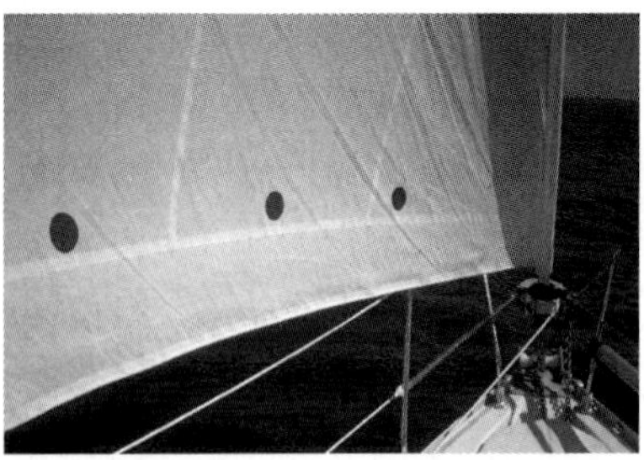

Abb. 19

Abb. 20

reicht die Crew durch Abflachen des Profils und Entspannen - der Regattasegler spricht von »öffnen« - des Achterlieks.

Die Segel sind bereits offen und abgeflacht, die Bö legt jedoch zu, Wasser an Deck, Pinne unter dem Kinn des Rudergängers, weil hoher Ruderdruck herrscht. Weitere Maßnahme: Entweder wird der Traveller nach Lee verschoben oder die Großschot muss gefiert werden. Daraufhin wird sich das Boot wieder etwas aufrichten. Doch die Bö legt noch einen nach, erneut Wasser an Deck und stark angewinkelte Pinne. In einer solchen Situation darf die Großschot auch mal vollständig gelöst werden, um das luvende Moment, erzeugt im Achterliek-Bereich, zu verringern. Niemals jedoch darf jetzt die Vorschot gefiert oder gar vollständig losgeworfen werden. Eine solche Fehlbedienung würde zum abrupten Luven des Bootes führen und womöglich gar in einer Vollkreisdrehung enden.

Abb. 18: Diese Fock ist im Achterliek zu stark gespannt (»geschlossen«). Der Schot-Holepunkt muss nach achtern verlagert werden.

Abb. 19: Die drei Reffstufen einer reffbaren Genua ...

Abb. 20: ... und die dazu passenden markierten Schot-Holepunkte auf dem Kajütaufbau.

Abb. 21: *Hier ein zu offenes Achterliek. Der untere Luv-Wollfaden weht waagerecht, der obere steigt. Das Segel »twistet« übermäßig im oberen Bereich. Der Holepunkt muss weiter nach vorn.*

Der Großbaum-Niederholer sollte bei vollständig gefierter Großschot dichtgesetzt werden. Denn ist dieser gelöst, kann der Baum steigen, weil die Schot ihn nicht mehr herunterzieht, sondern nur noch schräg angreift. Das Großsegel würde heftig zu schlagen beginnen. Das bremst nicht nur, sondern schadet auch dem Material. Wird der Baum hingegen vom Niederholer heruntergezogen, dann erhöht sich zwar die Schlagfrequenz der Segels, jedoch die Amplitude verringert sich. Das Segel steht insgesamt ruhiger, das Material wird mehr geschont und die Bremswirkung ist geringer.

Mir ist kein Boot bekannt, dass nicht einigermaßen sicher, nach guter Seemannschaft, nur auf dem Vorsegel allein gesegelt werden kann. Wer mal versucht hat, bei Wind und Wellengang nur mit dem Großsegel allein aufzukreuzen, weiß was ich meine. Das ist meist ein ziemlich mühsames Unternehmen.

Eine letzte Trimmmöglichkeit, um bei weiterem Zunehmen der Bö wieder etwas aufrechter zu segeln, besteht in der Verlagerung des Vorsegel-Schotholepunktes nach achtern. Hierdurch wird das Achterliek entspannt. Das Segelprofil verwindet (twistet) nach oben hin. Im oberen Bereich wird der Druck abgebaut. Das Segel zieht zwar dort nicht mehr, dieses stört jedoch nicht. Hauptsache, der krängende Druck ist weg und man segelt wieder etwas aufrechter.

Diese Holepunktverstellung ist natürlich kaum möglich, wenn der Schotschlitten auf der Seitendeckschiene nur rastend verstellbar ist. Diese Arbeit auf dem wasserumspülten Leedeck sollte keinem Crewmitglied zugemutet werden. Das Ver-

stellen funktioniert nur, wenn der Schlitten nichtrastend auf der Schotschiene gelagert und mit einer Leine vom Cockpit aus verstellt werden kann.
Sollte die Bö noch heftiger wehen, kann durch vorsichtiges Fieren der Vorschot nur noch zunehmend raumschots abgelaufen werden. Hierdurch erreicht man eine höhere Bootsgeschwindigkeit und es gilt der alte Seglerspruch: »Je schneller, desto stabiler die Schwimmlage.«

Ältere Segel

Kommt ein Dacron-Segel in die Jahre, wandert die Profiltiefe langsam nach achtern. Das Segel wird »sackiger«. Vor allem beim Großsegel macht sich jetzt das geschlossenere Achterliek negativ bemerkbar; die Yacht wird luvgieriger. Da hilft kein Jammern und kein Nachtrauern: Ein neues Segel muss her.

Ruderdruck

Der Ruderdruck ist das Sprachrohr eines Bootes. Liegt eine Yacht bei mäßigem Wind völlig ausgeglichen auf dem Ruder, ist sie schlecht getrimmt. Das hat zwei Negativeffekte. Zum Ersten vermittelt das Boot dem Rudergänger nicht durch wechselnden leichten Ruderdruck, welcher Trimm denn nun der Richtige ist. Es »spricht« nicht mit ihm, es kommt zu keinem Dialog zwischen Rudergänger und Boot. Der Steuermann wünscht sich eine Reaktion (Luvgierigkeit) des Bootes bei Fehltrimm. Er möchte fühlen, was mit dem Trimm los ist. Nur so kann er dem Boot antworten (reagieren), sei es durch anderen Segel- oder auch Gewichtstrimm. Zum Zweiten führt ein neutrales Fahrverhalten dazu, dass das Ruderblatt mittschiffs gestellt bleibt. Es sollte jedoch auf einem Amwind-Kurs durch leichtes Anwinkeln nach Lee für einen Tragflächeneffekt sorgen. Dieser bringt etwas Auftrieb und somit eine geringere Abdrift.
Diese gewollt leichte Luvgierigkeit wird beispielsweise in der Soling-Kielbootklasse bei leichtem Wind durch erhöhten Mastfall erzeugt. Der Mast wird so weit schräg nach achtern geneigt, bis die Baumnock auf Deck liegt. Die hierdurch hervorgerufene Luvgierigkeit sorgt für ein Anwinkeln des Ruderblatts und somit für den Tragflächeneffekt.

*Abb. 22/23: Das stark eingeschlagene Ruderblatt bremst erheblich.
Besser die Großschot fieren, um der Luvgierigkeit entgegenzuwirken.*

Windfäden im Vorsegel

Mit ihrer Hilfe lässt es sich – insbesondere bei leichtem bis frischem Wind – sehr exakt hoch am Wind steuern. Außerdem gestatten sie eine genaue Schotholepunkt-Einstellung auf Amwind- und Raumschots-Kursen.

Es werden jeweils drei, etwa 15 Zentimeter lange Wollfäden beidseitig im Vorliekbereich befestigt. Abstand zum Vorstag 20 bis 30 Zentimeter, verteilt auf etwa 25 %, 50 % und 75 % der Vorliekslänge. Um die Lee- und Luv-Fäden beim Segeln besser voneinander unterscheiden zu können, sollten die Fäden einer Seite etwa zehn Zentimeter höher versetzt angeklebt werden. Schließlich sollte beim Anbringen darauf geachtet werden, dass die Fäden sich nicht mit den Zickzack-Nähten des Segelmachers verhaken können.

Und was sagen uns nun diese Fäden? Solange das Segel ordnungsgemäß umströmt wird, flattern alle sechs »Windindikatoren« annähernd waagerecht nach achtern. Wird die Yacht nun zu hoch am Wind gesteuert, dann beginnen die luvwärtigen Fäden zunächst unruhig schräg nach oben, später gar in jede Richtung zu zappeln. Dieses veränderte Auswehverhalten kündigt sich allmählich an, sodass der Rudergänger ohne Hektik abfallen kann.

Fällt der Steuermann zu weit ab, dann werden die Lee-Fäden abrupt nach oben und sogar nach vorn umklappen. Dieses veränderte Auswehverhalten kündigt sich nicht so allmählich an wie das auf der Luvseite des Segels. Jetzt ist die Windströmung in Lee des Segels zusammengebrochen. Es treten Verwirbelungen auf. Das Segel steht zwar optisch noch gut, das Boot aber steht leider auch. Jetzt muss entweder geluvt oder die Schot gefiert werden, damit die Leeströmung wieder anliegen kann.

Stets sollte man daran denken, dass die Windströmung in Lee des Segels weitaus wichtiger ist als die in Luv. Zur Erklärung soll eine Analogie aus der Fliegerei herhalten. Bei der Messung von Auftriebskräften an einem Flugzeugflügel kann festgestellt werden, dass diese auf der Flügel-Oberseite um ein Vieles größer sind, als die auf der Unterseite. Anders ausgedrückt: Ein Flugzeug fällt in erster Linie nicht herunter, weil ein bisschen Fahrtwind von unten gegen die Tragflügel drückt, sondern weil der Unterdruck auf der Oberseite nach oben zieht. Zurück zur Segelei. Die Leeseite eines Vorsegels ist vergleichbar mit der konvexen Tragflügel-Oberseite eines Flugzeugs. Und somit für das Vorankommen weitaus wichtiger als der Winddruck in Luv des Segels. Deshalb ist auch das waagerechte Auswehen der

Lee-Fäden so immens wichtig. *Fazit:* Die Lee-Fäden in einem Vorsegel sollten (fast) ohne Ausnahme stets waagerecht nach achtern auswehen. Die Ausnahme tritt bei besonders leichtem Wind ein. Unter diesen Bedingungen darf eine Yacht keinesfalls zu hoch gesteuert werden. Das zieht sofort einen Geschwindigkeitsverlust nach sich und somit eine Verringerung des scheinbaren Windes. Das wiederum führt zur weiteren Reduzierung der Bootsgeschwindigkeit und somit auch zur weiteren Abnahme des scheinbaren Windes.
Das Boot muss also gut in Fahrt gehalten werden. Es muss ein permanent höchstmöglicher Segeldruck aufrecht erhalten werden. Das gelingt nur durch ganz leichtes Abfallen. Nur so weit, dass die Lee-Fäden gelegentlich mal unruhig auswehen. Die luvwärtigen Fäden müssen ständig waagerecht nach achtern zeigen.
Ein weiterer Vorteil solcher »Trimmtails« besteht in der Möglichkeit, mit ihrer Hilfe die Schot-Holepunkte exakt einstellen zu können. Stimmt der Holepunkt, dann werden bei leichtem Zu-hoch-Steuern alle drei Luv-Fäden in gleicher Weise parallel zueinander schräg nach oben auswehen. Liegt beispielsweise der Holepunkt zu weit achtern, dann wird bei gleichem Kurs zum Wind der obere Faden desolat umherzappeln, der mittlere schräg nach oben und der untere waagerecht auswehen. Das Segel verwindet zu sehr, das Achterliek ist zu locker, zu offen. Der Schotschlitten muss so weit nach vorn geschoben werden bis das eingangs erwähnte Auswehverhalten eintritt. Analoges gilt bei zu weit vorn liegendem Holepunkt. In diesem Fall ist das Segel zu bauchig, das Achterliek zu geschlossen. Der untere Luv-Faden zappelt umher, während der obere waagerecht nach achtern zeigt.

Windfäden im Großsegel

Drei etwa 20 Zentimeter lange Spinnakertuchstreifen, in gleichmäßigen Abständen zueinander in der oberen Hälfte des Achterlieks vernäht, zeigen an, ob die Schot richtig eingestellt ist. Mit Hilfe dieser Mini-Flaggen lässt sich die Schot auf einem Amwind- und Raumschots-Kurs zentimetergenau einstellen. Ist sie zu dichtgeholt worden, spannt das Achterliek zu sehr. Es ist übermäßig geschlossen, sodass Verwirbelungen in diesem Bereich auftreten. Genau genommen tritt in Lee des Lieks ein Unterdruck auf. Dieser Unterdruck zieht die Fäden nach vorn und nach Lee des Segels. Löst man jetzt die Schot etwas, wird zunächst am unteren Faden eine anliegende Windströmung aufgebaut. Er flattert nach achtern. Bei

weiterem Entspannen des Achterlieks beginnt auch der mittlere Windfaden waagerecht nach achtern zu zeigen. Weht allerdings der obere Faden auch nach achtern aus, dann ist die Schot zu sehr gefiert worden. Es baut sich kein optimaler Segeldruck auf. Dann sollte die Schot wieder so weit dichtgeholt werden bis der obere Faden überwiegend in Lee des Achterlieks nach vorn weht. Jetzt ist die richtige Schoteinstellung erreicht.

Hinweis für gute Rudergänger(innen), denen es an Bord nicht vergönnt wird, steuern zu dürfen: Bei aller Beachtung eines richtigen Trimms hat letztendlich der Rudergänger die Verantwortung, das Boot aufmerksam zu steuern. Reagiert er permanent zu spät auf ein falsches Auswehen der Windfäden, dann sollte man dieses ihm auch (ständig) mitteilen. Ein guter Sportsmann wird die Pinne dann sicher (gern) an einen besseren abgeben.

Abb. 24: Die drei Spinnaker-Tuchstreifen am Großsegel-Achterliek klappen nach Lee und nach vorn. Die Schot muss gefiert werden.

Abb. 25: Dieses Achterliek ist zu offen. Die drei Windfäden wehen waagerecht nach achtern. Der obere sollte jedoch nach Lee und nach vorn klappen. Die Schot muss dichter geholt werden.

Spinnakern, nicht nur für Regattasegler

Spi-Ausrüstung - Toppnant-Beiholer - Spinnaker packen - Setzen - Trimmen - Halsen - Bergen - Bergeschlauch-Handhabung - Taktik vor dem Wind und raumschots

Spinnakersegeln ist faszinierend und unter handigen Bedingungen auch unkompliziert. Nervenkitzel lässt erst ab fünf Beaufort grüßen. Leider sehen viele dieser von Fahrtenseglern erworbenen bunten Segel niemals das Tageslicht. Sie fristen unter irgendwelchen Kojenpolstern ihrem Verkauf entgegen.
Hier soll das Wesentliche zur Handhabung mit Spinnakern beschrieben werden, praxisnah und nachvollziehbar. Spinnaker-Grundlagen und allgemeine Hinweise können in dem Buch »Spinnakersegeln« (Delius Klasing) nachgelesen werden.
Im Folgenden gehe ich davon aus, dass wir es mit einem 7 bis 11 Meter langen Fahrtenboot zu tun haben und dass mit zwei Schoten gearbeitet wird. (Auf Regattayachten werden teilweise vier Schoten benutzt.) Außerdem wird berücksichtigt, dass die Manöver auch mit kleiner Crew durchgeführt werden können.

Die Ausrüstung

Beide Schoten sollten etwa die doppelte Bootslänge haben. Nur so kann der Spinnaker in den Niedergang geborgen werden, ohne dass die Luvschot aus dem achteren Umlenkblock entfernt zu werden braucht. Das Taumaterial sollte extrem dehnungsarm sein, beispielsweise aus Dyneema. Ein gummibandartiges Verhalten der Luvschot - auch Achterholer genannt - würde in Böen auf Raumschots-Kursen den Spinnakerbaum hart gegen das Vorstag drücken.
Immer wieder taucht folgende Frage auf: »Sollen die Enden der Spinnakerschoten mit je einem Achtknoten versehen werden?« Ich meine, dass Knoten sehr zweckmäßig sind. Denn: ohne Knoten können beide Schoten ausrauschen, Spinnaker und Schoten wehen dabei annähernd waagerecht vor dem Boot im Wind und sind gar nicht oder nur unter großen Schwierigkeiten wieder einzufangen. Das sieht für Dritte zwar ganz putzig aus, kann aber für die leidtragende Crew bis zur

Aufgabe der Regatta führen. Werden hingegen beide Schotenden mit Knoten am Ausrauschen gehindert, dann birgt dies zwar die Gefahr, dass der Spinnaker – weit entfernt vom Boot – den Mast fast waagerecht über das Wasser zieht. Aber er bleibt immerhin in der Gewalt der Crew. Damit so etwas gar nicht erst passieren kann, hier ein sehr wichtiger Hinweis: *Das Spinnaker-Luvschothorn darf niemals weiter als bis zum Vorstag gefiert werden.* Ausnahme natürlich beim Setzen und Bergen.

Der Spinnakerbaum-Niederholer verhindert das Aufsteigen des Spibaumes. Wird er, wie auf größeren Yachten üblich, auf der Vordeckmitte oder hinter dem Vorstag angeschlagen, dann muss er beim Bedienen der Luvschot ebenfalls nachgeführt werden. Bevor also die Luvschot dichter gewinscht wird, muss der Niederholer gefiert werden. Analoges gilt beim Fieren der Luvschot. Bedienungsfreundlicher ist es, wenn der Niederholer in Mastfußnähe befestigt wird, unterhalb des Mastbeschlag-Drehpunktes am Mast. Dann nämlich kann er bei Bedienung der Luvschot belegt bleiben.

Mit zunehmender Spinnakergröße lohnt es sich, den Niederholer einmal zu untersetzen, denn raumschots kann eine hohe Zugbelastung auftreten. Eine zusätzliche Hahnepot macht den Spibaum nicht nur bedienungsfreundlicher, sondern sie sorgt vor allem für die Vermeidung eines heftigen Biegemoments auf Raumschots-Kursen.

Der Toppnant verhindert das Herunterfallen des Spinnakerbaumes; auch er wird meistens an einer Hahnepot befestigt. Ein Toppnant-Beiholer aus Gummiband erleichtert die Spinnakerarbeit vor allem bei kleiner Crew. Er gestattet eine Wende sofort nach dem Umrunden einer Leetonne, ohne dass der Spinnakerbaum abgeschlagen werden muss. Die technische Ausführung ist einfach, preisgünstig und überall nachrüstbar. Bei gesetztem Spinnakerbaum liegt ein am Gummiband befestigter Block auf dem Toppnanten. Das Gummiband wird zum Mast geführt und dort nach oben umgelenkt, unterhalb der Saling nochmals umgelenkt nach unten und dort befestigt. Wird nun bei Bergen des Spinnakers der Toppnant – auf dem Kajütdach – losgeworfen, zieht der Gummiband-Beiholer den Toppnanten samt Hahnepot zum Mast. Das Vordeck ist frei zur Wende, das Vorsegel kann über den schräg nach unten geneigten Spinnakerbaum herübergleiten. Der Spibaum stört in dieser Position kaum, vor allem dann nicht, wenn er am Mast auf einer Schiene weit heruntergeschoben werden kann.

Abb. 26: Toppnant-Beiholer

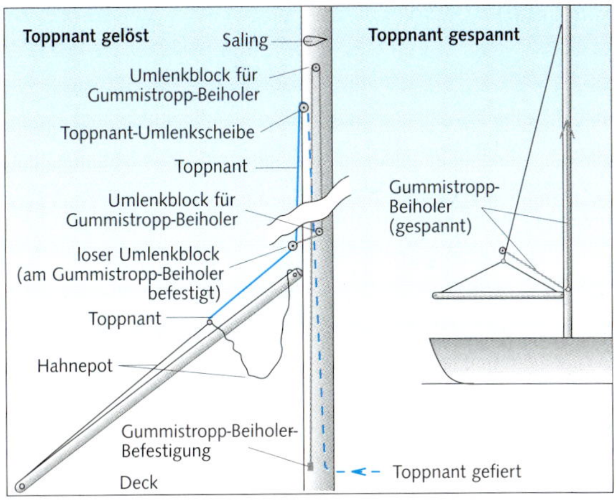

Abschließend ein kleiner Tipp zur Schonung des Decks: Wird der Toppnant losgeworfen, knallt die Spinnakerbaum-Nock hart auf das Deck. Ein mit Gummistropps befestigter Teppichrest hinter dem Vorstag verhindert eine Beschädigung des Decks.

Mit Hilfe von Barberhaulern (Beiholleinen für die Schoten, vom Cockpit aus zu bedienen) lässt sich die Handhabung eines Spinnakers sicherer gestalten. Die meisten Fahrtenyachten werden diese beiden Hilfsleinen - auf jeder Seite eine - nicht haben. Sie lassen sich jedoch ohne größeren Aufwand und hohe Kosten nachrüsten. Dabei wird jeweils ein kleiner, leichter Block über die Schoten geführt. Dieser ist mit einer Leine verbunden, die nach achtern zum Cockpit umgelenkt wird.

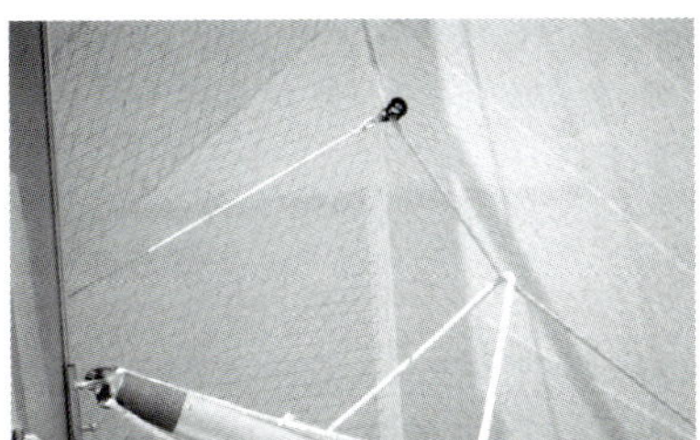

Abb. 27: Der auf dem Toppnant sitzende Block wird mit einem Gummistropp (Toppnant-Beiholer) zum Mast gezogen.

Die Vorteile von Spinnakerschot-Barberhaulern: Das Dichtholen des Luv-Beiholers bewirkt auf spitzen Raumschots-Kursen, dass die Luvschot in einem günstigeren Winkel gewinscht werden

kann. Ohne Beiholer würde diese Schot gegen die Wanten oder Relingsstützen drücken, der Zugwinkel wäre ungünstiger, es käme zu Reibungsverlusten und schließlich auch zu Schamfilstellen auf den Schoten.
Wird beim Halsen der Lee-Beiholer dichtgezogen, gelangt der Vordecksmann sicherer an die Leeschot. Auch beim Bergen des Spis lässt sich die Leeschot zuverlässiger greifen. Auf windigen Vormwind-Kursen, vor allem bei Wellengang, vermindert eine beigeholte Leeschot das Aufschaukeln des Spinnakers und wirkt somit dem unerwünschten »Geigen« entgegen. Für die Bedienung der Barberhauler gilt raumschots üblicherweise: Lee lösen, Luv dicht!
Ein Spinnaker-Bergeschlauch dient nicht nur, wie der Name vermuten lässt, zum Bergen, sondern auch zum Setzen eines Spinnakers. Er ist besser als sein Ruf. Mit seiner Hilfe lässt sich die Handhabung eines Spinnakers sehr vereinfachen und sicherer gestalten, auch beim Halsen. Das gilt vor allem für eine kleinere Crew.

Handhabung eines Spinnakers

Das exakte Zusammenlegen eines Spinnakers wird umso wichtiger, je größer dieser ist. Zum Packen wird zunächst vorsortiert, indem man beide Seitenlieken einmal durch die Hände laufen lässt. Anschließend setzt man sich auf den Kopf des Segels, rafft beide Seitenlieken zusammen und klemmt sie unter die Oberschenkel oder dergleichen. Jetzt können das lose Tuch, die gerafften Lieken und schließlich die drei Ecken des Segels im Segelsack verstaut werden.

Abb. 28: Bevor der Spi am Fall gesetzt wird, muss das Unterliek auseinander gezogen werden, um ein Vertörnen - die gefürchtete Eieruhr - zu vermeiden.

Soll der Spinnaker später gesetzt werden, gleichgültig ob aus dem Bugkorb, vom Vordeck oder aus der Kajüte, ist es immens wichtig, dass das Unterliek vor dem Hochholen des Spis auseinander gezogen wird. Nur so kann ein Vertörnen, die gefürchtete Eieruhr, vermieden werden. Deshalb lohnt es sich, nach dem Verpacken des Spis, die Schothörner in (fast) voller Länge des Unterlieks erneut aus dem Segelsack herauszuzerren und diese beiden Parten anschließend als Letzte oben im Sack zu stauen. Wird nun das Unterliek auseinander gezogen, dann bleibt das restliche Tuch zunächst sicher im Sack verstaut und fällt nicht unbeabsichtigt über Bord oder bläht sich frühzeitig auf.

Vorbereiten zum Setzen

Sowie der Crew klar ist, auf welcher Seite der Spinnakerbaum voraussichtlich gesetzt wird, staut man diesen auf der Luvseite des Decks oder parallel zum Großbaum. Hier lässt es sich im Manöver besser arbeiten. Der Spinnaker wird auf der Leeseite präpariert, will man ihn aus der Kajüte setzen. Wird das Setzen aus dem Bugkorb beabsichtigt, dann sollte man aus aerodynamischen Gründen (Spinnakersack bremst im Bugkorb) die Vorbereitungen so spät wie möglich vornehmen.

Setzen aus der Kajüte

Kurz vor dem Hochholen des Spinnakers wird der Spibaum am Mastbeschlag eingepickt und waagerecht eingestellt. Die Leeschot ist bis zu einer Markierung vorbelegt. Diese gekennzeichnete Stelle befindet sich dort auf der Schot, wo diese auf einem spitzen Raumschots-Kurs in der Belegklemme liegen würde. Das Spifall wird vor die Saling geschleudert, damit es beim Fieren der Großschot nicht zwischen Großsegel und Salings-Achterkante eingeklemmt wird. Das würde zu erheblichen Reibungsverlusten beim Ziehen am Spinnakerfall oder gar zur Beschädigung des empfindlichen Spinnakertuches führen. Zum Setzen des Spis fällt der Rudergänger, je nach Windstärke, mehr oder weniger ab, um das Spinnakertuch zuverlässig in die Abdeckung der Segel zu bringen. Gleichzeitig wird die Luvschot so weit dichtgeholt bis das Schothorn am Vorstag sichtbar wird. Hierbei muss das lose Tuch vor dem frühzeitigen Aufblähen bewahrt werden. Achtung, beim Ziehen an der Luvschot wird in den meisten Fällen der Spinnakerbaum quer zur Boots-Längsrichtung bis gegen das Luvwant gezerrt. Dann muss ein Crewmitglied diesen schwungvoll nach vorn zum Vorstag zurück drücken. Jetzt kann am Spin-

Abb. 29: In solcher Situation hilft möglicherweise abfallen und die Leeschot dichtholen.

nakerfall gezogen werden, bis zur Fallmarkierung »Spinnaker-ist-oben«. Noch steht der Spinnaker nicht, er befindet sich nach wie vor im Windschatten der Segel. Wird jetzt an der Luvschot gezogen, dann bekommt er freien Wind und beginnt zu stehen. Besonders bei leichtem Wind beschleunigt ein sofortiges Herunterlassen der Genua das Stehen des Spis.

Tipp: Mit zunehmender Windstärke sollte beim Setzen eines Spinnakers auch zunehmend abgefallen werden, um das Tuch sicher in die Abdeckung von Vor- und Großsegel bringen zu können. Erst wenn der Spi im Unterliek auseinander gezerrt und vollständig hochgezogen worden ist, soll er sich mit Wind füllen. Wer dieses bedenkt, vermeidet das Chaos.

Setzen aus dem Bugkorb

Rechtzeitig vor dem Erreichen einer Tonne, an der ein Spinnaker gesetzt werden soll, werden Spibaum und Spisack vorbereitet. Der Sack muss dabei sicher befestigt werden; am besten an der Unterseite mit einem Bändsel. Das Luv-Schothorn wird etwas aus dem Sack herausgezerrt und bis zur Nock vorgeholt. Der Kopf des Segels und das Lee-Schothorn bleiben zunächst sicher verschnürt im Sack. Kurz vor dem Setzen des Spis geht ein Crewmitglied zum Bugkorb und öffnet den Sack vollständig. Während an der Leeschot der Unterliekbereich herausgezogen wird, achtet das am Bugkorb befindliche Crewmitglied darauf, dass sich der Spi nicht frühzeitig aufzublähen beginnt oder über Bord fällt. Während des Abfallens auf den Spinnakerkurs - der Spi ist inzwischen vollständig hochgeholt worden - kann das Amwind-Vorsegel geborgen werden. Gleichzeitig wird an der Luvschot gezogen. Der Spinnaker steht.

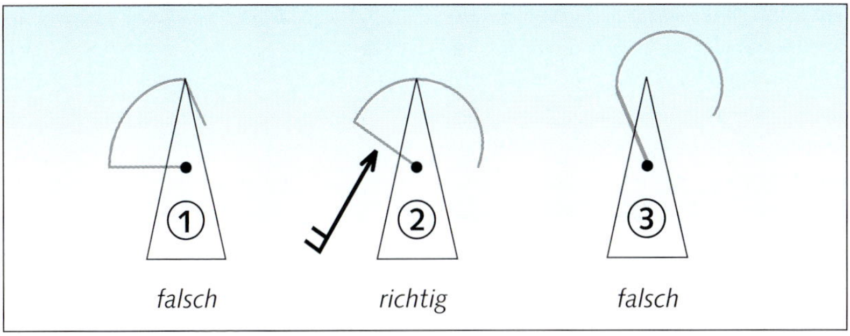

Abb. 30: Spinnakerbaum-Stellungen.

1. *Spibaum zu achterlich geholt. Das Unterliek wird mit der Leeschot gegen das Vorstag gezerrt.*
2. *Richtig. Das Unterliek tippt gelegentlich ans Vorstag.*
3. *Spibaum zu weit gefiert. Der Spi steht zu weit vor dem Boot.*

Spinnaker-Trimm

Liegt das Boot auf Kurs, und dieser sollte bei konstantem Wind vom Rudergänger besonders präzise eingehalten werden, dann beginnt der Trimm. Hierbei gilt die Regel, »*der Spinnakerbaum sollte so weit es geht nach Luv gezogen werden*«, um möglichst viel Wind einfangen zu können. Was heißt »so weit es geht«? Nun, das

Abb. 31: Der richtige Platz für den Spinnaker-Trimmer: an den Wanten.

Unterliek des Spinnakers sollte beim Dichtholen der Leeschot nicht am Vorstag abgeknickt werden. Es muss gerade frei davon sein und darf nur gelegentlich mal daran tippen. Wird der Baum zu weit nach Luv (achtern) gezogen, muss auch die Leeschot besonders dichtgeholt werden, um den Spi nicht einfallen zu lassen. Andererseits steht das Unterliek übermäßig weit vom Vorstag ab, wenn der Baum unzureichend nach achtern gezogen wird. Es geht projizierte Fläche verloren, und somit auch Vortriebskraft.

Wurde der Spinnakerbaum mit der Luvschot richtig eingestellt (Grobeinstellung), kann diese Schot belegt werden. Danach wird - annähernd gleiche Windstärke und Windrichtung vorausgesetzt - nur noch mit der Leeschot ge-

Abb. 32: Dieses Boot fährt »übergeigt« der Wind fällt von Lee ein -, der Spi wird teilweise vom Großsegel abgedeckt und zieht nicht optimal. Die Lösung: Luven oder halsen.

Abb. 33: Ein vorbildlich getrimmter Spi. Lee- und Luv-Schothorn befinden sich auf gleicher Höhe.

trimmt (Feineinstellung). Bei dieser Trimmarbeit gilt: *Die Leeschot sollte ständig vorsichtig gefiert werden bis das Luvliek einzufallen beginnt. Bevor das Luvliek jedoch übermäßig einklappt, Leeschot sofort schnell dichtholen. Dann wieder langsam fieren ...* Ein Spinnaker, dessen Luvliek über einen längeren Zeitraum von etwa einer Minute nicht einzufallen beginnt, wird schlecht gefahren. Nämlich zu dicht an der Leeschot.

Nun kann es bei zunehmendem Wind, vor allem auf Raumschots-Kursen, für den Spinnaker-Trimmer an der Leeschot schwierig werden, die Schot per Hand schnell dichtzuholen. Dann muss der Rudergänger das vollständige Einfallen des Spis verhindern, indem er beim Einklappen des Luvlieks beherzt abfällt. Anschließend kann wieder vorsichtig geluvt werden. Wichtig unter solchen Bedingungen: Es muss ständig mit der Großschot gearbeitet werden, um einen »Sonnenschuss« - unkontrolliertes Luven bis annähernd in den Wind - zu vermeiden. Lässt sich die Yacht nur noch schwer in einer Bö steuern, dann müssen während des Abfallens Großschot und Spinnaker-Leeschot gefiert werden. Lässt die Bö nach, kann wieder höher an den Wind gegangen werden.

Wann lohnt es sich, zusätzlich zum Spinnaker ein Amwind-Vorsegel zu fahren? Es lohnt sich ausnahmslos nicht bei sehr leichtem und leichtem Wind, wenn nämlich der Spinnaker allein schon Schwierigkeiten hat, überhaupt zu stehen. Dann würde jedes, zusätzlich gesetzte Vorsegel den ohnehin mageren Windfluss nur stören und den Spi behindern. Unwirksam wird ein Vorsegel auch,

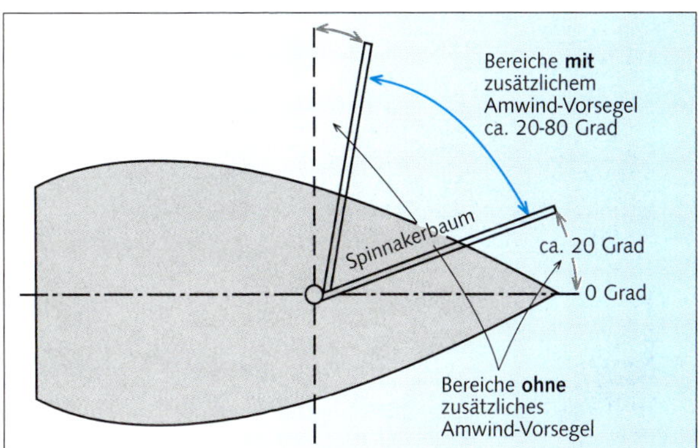

Abb. 34: Spinnakern mit gesetztem Vorsegel lohnt nur, wenn der Spibaum etwa 20° bis 80° nach Luv steht.

wenn es vom Großsegel ständig abgedeckt wird, also auf (fast) direktem Vormwind-Kurs. Allerdings, weht es besonders hart, dann kann nach einem »Sonnenschuss« eine zusätzlich gesetzte Fock das Boot schneller und sicherer wieder auf den gewünschten Vormwind-Kurs zurückdrücken.
Unzweckmäßig ist ein zusätzlich gesetztes Amwind-Vorsegel auf einem besonders spitzen Raumschots-Kurs, bei dem der Spibaum bereits gegen das Vorstag tippt und es schwierig ist, den Spinnaker am Stehen zu halten. Das passiert bei einem scheinbaren Windeinfall von etwa 60 Grad. Dann nämlich schaufelt ein Vorsegel den ohnehin sehr vorlich einfallenden Wind noch spitzer von vorn auf den Spin-

Abb. 35: Auf einem spitzen Raumschots-Kurs ist das Vorsegel geborgen, der Spi flach getrimmt. Der Spinnakerbaum könnte am Mast etwas tiefer geholt werden.

naker. Dieser beginnt daraufhin ständig einzufallen. Also: Ein zusätzlich zum Spinnaker gesetztes Amwind-Vorsegel lohnt nur auf einem typischen Raumschots-Kurs, bei dem der scheinbare Windeinfall so etwa 80 bis 160 Grad beträgt.

Die Stellung des Spinnakerbaumes

Spinnaker sind, anders als Blister oder Gennaker, symmetrisch geschnitten. Das bedeutet, dass der durch und hinter einem Spi entlangströmende Wind den besten Vortrieb erzeugt, wenn die Schothörner auf gleiche Höhe eingestellt werden. Wird das Luv-Schothorn tiefer gezogen als das in Lee, dann ist das Leeliek unverhältnismäßig geöffnet. Es geht Vortrieb verloren. Vergleichbar mit einem zu sehr gelösten Achterliek eines Amwind-Segels. Hinzu kommt, dass dieser Trimm das Luvliek einschnürt (spannt) und es hierdurch frühzeitiger einfällt.

Bei zu hoch eingestelltem Luv-Schothorn schließt das Leeliek übermäßig. Auch hier wieder die Analogie zu einem sehr geschlossenen Achterliek eines Amwind-Segels. Es kommt in diesem Liekbereich zu frühzeitiger Wirbelbildung. Die Windströmung wird übermäßig nach Luv gelenkt, prallt gegen das Großsegel und erzeugt hier einen kräftigen Gegenbauch. Schließlich führt ein solcher Fehltrimm zu erhöhter Querkraft und somit zu unerwünschter Krängung. Das kann vor allem auf einem windigen Raumschots-Kurs kritisch werden.

In der Regel erreicht man den richtigen Trimm, wenn der Spibaum waagerecht oder mit der Nock leicht schräg nach oben zeigt. In dieser Position drückt er den Spinnaker am weitesten vom Boot weg. Der Spi kann somit am meisten Wind einfangen. Wird raumschots ein weiteres Vorsegel gefahren, lohnt es sich, den Baum mit der Nock ein klein wenig höher, senkrecht zum Vorstag, und höher am Mast einzustellen. Hierdurch wird der Spalt zwischen Spi-Luvliek und Vorsegel-Luvliek vergrößert. Somit gelangt mehr Wind in den Spi und beide Segel arbeiten ungestörter voneinander.

Ein am Mast zu hoch eingestellter Spibaum erzeugt eine besonders bauchige Segelform, deren projizierte Fläche verringert sich. Wird der Baum hingegen zu tief am Mast heruntergeschoben, dann wird das Luvliek frühzeitig eingeschnürt; die Leeschot muss deshalb relativ dichtgeholt werden, soll der Spi nicht ständig einzufallen drohen. Dieser Trimm zieht den Spinnaker insgesamt nach Lee und zu dicht an das Boot heran. Es kommt zu heftigen Abwind-Erscheinungen im Großsegel.

Bei besonders leichtem Wind fällt das Lee-Schothorn durch das Eigengewicht – und das der Schot – mehr oder weniger herunter. Um jetzt die Schothörner wieder auf die gleiche Höhe trimmen zu können, muss der Spibaum am Mast vollständig heruntergeschoben und weitgehend abgetoppt werden, sodass er mit der Nock schräg nach unten zeigt.

Halsen

Das Schiften der Segel, vor allem des Spinnakers, erfordert einen festgelegten Ablaufplan, ein gutes Zusammenarbeiten der Crew und schließlich einen aufmerksamen, umsichtigen und präzise steuernden Rudergänger.

Abb. 36: Ganz entschieden kein Bilderbuch-Manöver!

Zunächst wird die Yacht annähernd vor den Wind gebracht und sämtliche Segel werden entsprechend eingestellt. Danach kann der, wenn vorhanden, Barberhauler in Luv losgeworfen, der in Lee dichtgeholt werden. Das Loswerfen bewirkt, dass der Spinnaker nach Auspicken der Luvschot aus dem Spibaum stabiler steht und nicht vom Barberhauler zum Boot und somit in die Abdeckung des Großsegels gezogen wird. Der dichtgeholte Lee-Barberhauler gestattet dem Vordecksmann die Spi-Leeschot sicherer zu greifen, um diese in den vom Mastbeschlag gelösten Spibaum-Endbeschlag einpicken zu können. Das anschließende leichte Lösen des Spibaum-Niederholers erleichtert dem Vordecksmann das Umpicken der Spibaum-Endbeschläge am Mast, weil der Baum nicht mehr so sehr gegen den Mast gepresst wird. Jetzt greift der Vordecksmann die beigeholte Leeschot und verbindet diese mit dem vom Mast gelösten Spibaum-Endbeschlag. Der Spibaum ist nun mit den beiden Schothörnern des Spis verbunden. Wichtig für ein erfolgreiches und Kräfte sparendes Spi-Schiften ist, dass der Spibaum-Endbeschlag an der alten Leeschot auf dieser bis ganz nach vorn zum Schothorn geschoben wird. Ansonsten können beim erneuten Einpicken des Spibaums in den Mastbeschlag hohe Druckkräfte auftreten. Das geschieht vor allem dann, wenn das Großsegel unbeabsichtigt geschiftet wird bevor der Spibaum am Mastbeschlag eingeklinkt wurde.

Anschließend wird die alte Luvschot ausgehakt und der Spibaum am Mast befestigt. Erst jetzt sollte das Großsegel geschiftet werden. Der Rudergänger muss dieses durch leichtes Abfallen unterstützen. Nach dem Schiften des Großsegels muss, vor allem bei frischem Wind, rechtzeitig und wohldosiert Stützruder gegeben werden. Ansonsten kommt es nach der Halse zu einem ungewollten Luven. Dieses kann dazu führen, dass der backstehende Spinnaker zwischen Mast und Vorstag gedrückt wird. Das verursacht nicht nur heftige Krängung, es kann auch zu Beschädigungen des Segels führen. Die Crew kann diesem Chaos vorbeugen, indem nach der Halse die neue Luvschot gefiert und die Leeschot dichtgezogen wird. Klappt die Halse sauber, dann sollte zunächst annähernd vor dem Wind weiter gesteuert werden. Erst wenn jedes Crewmitglied auf seiner Arbeitsposition ist, kann vorsichtig geluvt und der Spinnaker getrimmt werden. Ein möglicherweise zusätzlich gesetztes Vorsegel sollte während der Halse heruntergenommen werden, denn es stört die Arbeit des Vordecksmannes.

Bergen

Beim Bergen des Spinnakers kann es bei frischem Wind zweckmäßig sein, das Boot so weit vor den Wind zu bringen, dass der Spi zuverlässig in die Abdeckung der Segel gebracht werden kann. Dann klappt das Bergen problemlos auch bei sieben Beaufort und zu zweit. Spinnaker-Luvschot und Fall müssen klar zum Fieren sein. Zunächst wird das Vorsegel gesetzt. Jetzt kann der Spibaum durch langsames Fieren der Luvschot bis zum Vorstag geschwenkt werden. Gleichzeitig wird der Spi mit der Leeschot in die Abdeckung der Segel geholt. Er fällt kraftlos in sich zusammen und kann in die Kajüte gezogen werden. Gleichzeitig werden Luvschot und Fall in der Geschwindigkeit des Tuch-Einsammelns gefiert.
Ist das Boot an der in Lee liegenden Bahnmarke angekommen, dann kann zunächst - ohne sich um den Spinnakerbaum zu kümmern - auf dem gleichen Bug hoch am Wind gesegelt werden. Soll jedoch gewendet werden, dann muss das Spibaum-Geschirr verstaut werden. Anders beim Vorhandensein eines Toppnant-Beiholers. Dieser zieht, wie bereits erwähnt, den gefierten Toppnanten zum Mast hin und das Vorsegel kann in der Wende über den schrägen Spibaum hinweggleiten. Er muss also nicht geborgen werden.
Anmerkung: Auf größeren Yachten wird beim Bergen des Spinnakers das Luv-Schothorn von der Schot getrennt und der Spinnaker auf dem anschließenden Amwind-Kurs eingesammelt. Das erfordert Crewgewicht in Lee und auf dem Vordeck und beeinflusst somit die Stabilität eines Bootes. Auf kleinen Booten ist diese Art der Bergung daher nicht üblich oder ratsam.
Angenommen, die Crew hat vor dem Start festgestellt, dass der Spinnaker an der nächsten Bahnmarke an der Steuerbordseite gesetzt wird (Spibaum an Backbord). Nach dem Start jedoch dreht der Wind derartig, dass der Spi an Backbord hochgezogen werden muss. Das Spinnakergeschirr ist also auf der falschen Seite vorbereitet. Dann werden die Schoten und das Fall vom Spinnaker entfernt, miteinander verbunden und das Ganze um das Vorstag herum wieder in die Kajüte hineingezogen und erneut am Spinnaker festgeknotet.

Spinnaker-Bergeschlauch-Handhabung

Zunächst wird der Spinnakerbaum in der üblichen Weise mit Toppnant und Niederholer vorbereitet, aber noch nicht angetoppt. Dann werden die Schoten und das Fall mit dem an Deck liegenden im Schlauch verstauten Spinnaker verbunden

Abb. 37: Ein Spinnaker/Blister-Bergeschlauch. Einige Fabrikate verkanten ihre untere Öffnung beim Abstreifen des ersten Meters. Abhilfe: Mit der Hand etwas nachhelfen.

und die Luvschot in den Spibaum-Endbeschlag eingehängt. Jetzt kann der Spibaum angetoppt, der Bergeschlauch vorgeheißt und die Leeschot etwas durchgesetzt werden. Bevor der Bergeschlauch mit der Endlos-Holeleine hochgezogen wird und den Spinnaker freigibt, ist es zweckmäßig, den Schlauch in die Abdeckung des Großsegels zu bringen. Denn es gilt auch bei Bergeschläuchen: Stets ohne Druck im Spinnaker arbeiten. Das gilt gleichermaßen für das Setzen wie auch das Bergen. Fängt der untere Teil des zu setzenden Spinnakers frühzeitig Wind, dann drückt der teilweise windgefüllte Spi den Bergeschlauch, und mit ihm auch die Holeleine, blitzschnell nach oben und man verbrennt sich die Hände. Also: Der Rudergänger muss den Spinnaker so lange in der Abdeckung des Großsegels erhalten, beispielsweise auch durch Dichtziehen der Leeschot, bis der Schlauch vollständig hochgezogen worden ist. Auch wird erst danach die Luvschot gezogen und die Leeschot gefiert. Jetzt kann der Spi getrimmt werden.

Halsen mit einem Bergeschlauch

Solange der Bergeschlauch beim Schiften des Spinnakerbaums nicht über den Spinnaker heruntergezogen wird, gibt es zur Halse ohne Schlauch keinen Unterschied. Eine Halse wird jedoch wesentlich erleichtert, wenn der Bergeschlauch während des Manövers über den Spinnaker gezogen wird. Die Halse lässt sich viel »entschärfter« durchführen. Das dauert zwar etwas länger, ist aber weitaus problemloser. Nach dem Schiften des Großsegels wird die Nock des Spibaums in die neue Luvschot umgepickt und der Spi, wie beschrieben, erneut gesetzt.

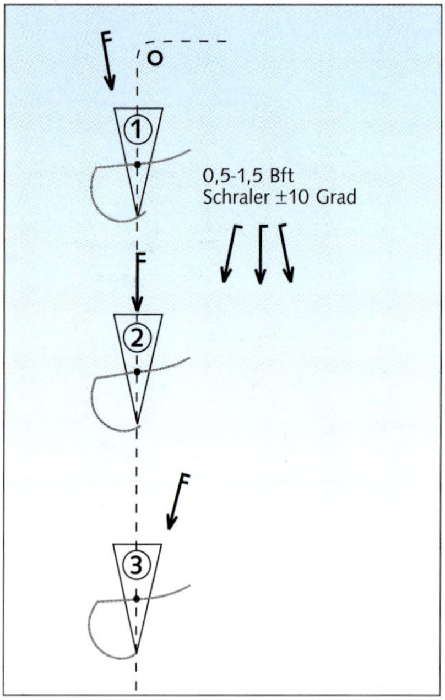

Abb. 38:

1 Der Wind fällt etwas von Luv ein. Der Spi arbeitet optimal.

2 Der Wind kommt genau achterlich. Das Groß beginnt den Spi abzudecken.

3 Der Wind fällt von Lee in die Segel (»übergeigtes« Segeln). Das Groß deckt den Spi erheblich ab. Die Yacht wird entsprechend langsamer.

Taktisches Verhalten unter Spinnaker

Niemals sollte man stur einen Kompasskurs zur nächsten Bahnmarke steuern, der den Wind direkt von achtern auf das Boot treffen lässt. Denn der Wind wechselt seine Richtung. Solange er von Luv auf die Segel trifft, ist die Welt in Ordnung. Aber was passiert, wenn die Yacht etwas von Lee angepustet wird? Dann deckt ein Teil des völlig aufgefierten Großsegels den Spinnaker ab. Er steht zwar noch, aber im Bereich des Leelieks wird eine »Apfelsinenhaut« sichtbar. Der Druck ist raus. Der Spi zieht nicht mehr optimal. Also: Es sollte stets ein solcher Kurs gesteuert werden, der den Wind definitiv von der Luvseite auf die Yacht treffen lässt. Das bedeutet bei einem »Platt-vor-dem-Laken-Kurs«: kreuzen!

Bei sehr leichtem Wind fällt der Spinnaker immer wieder drucklos in sich zusammen, weil der scheinbare Wind zu gering ist. Dieser kann erhöht werden. Durch Höherlaufen. Also wird man versuchen, durch einen Zickzack-Kurs vor dem Wind, den Spinnaker durch mehr Winddruck zum Stehen zu bringen. Dieses »Vor-dem-Wind-Kreuzen« verursacht zwar eine längere Wegstrecke nach Lee, aber lieber etwas zügiger nach Lee in die »falsche« Richtung segeln, als mit hängendem Spi laufend »Parkgroschen« nachwerfen zu müssen. Es gilt der Merksatz: *Je flauer es auf einem Vormwind-Kurs weht, desto höher muss vor dem Wind gekreuzt werden.*

Auf einem windigen, böigen Raumschots-Kurs sollte ein Crewmitglied die in Luv ankommenden Böen rechtzeitig melden, damit die Großschot entsprechend gefiert werden kann. Ist diese bereits vollständig gefiert und die Bö legt weiter zu - die Yacht ist kaum noch auf dem Ruder zu halten –, dann hilft nur noch: abfallen und die Leeschot fieren. Ist die Bö vorbei: Groß- und Lee-Schot wieder dichter holen und auf den alten Kurs gehen. Unter solchen Bedingungen ist es zweckmäßig, sich etwas Reservehöhe zu holen, um in harten Böen ausreichend Raum nach Lee zu haben.

Schließlich noch ein Pflegehinweis: Verstauen Sie niemals einen nassen Spinnaker für eine längere Zeit, auch nicht innerhalb eines Bergeschlauches. Einige Spinnakertuch-Farben neigen dazu abzufärben. Und dann ist der Spi unverwechselbar gekennzeichnet.

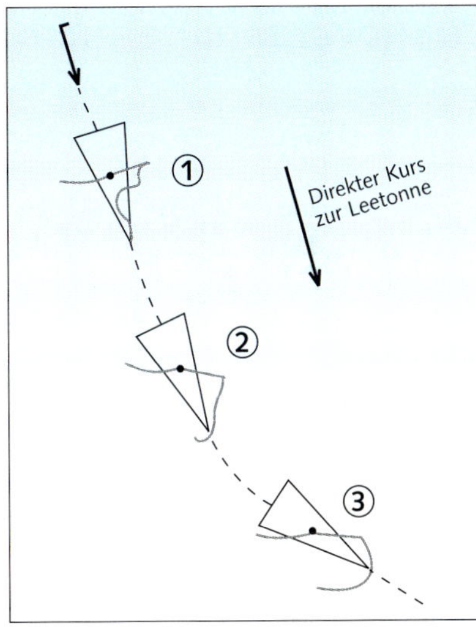

Abb. 39:
Kreuzen vor dem Wind bei leichtem Wind.

1 *Die Yacht segelt vor dem Wind. Der Spi steht nicht.*
2 *Es wird etwas geluvt, reicht aber noch nicht, den Spi voll zum Stehen zu bringen.*
3 *Weiter luven und einen Winkel zum Wind steuern, der den Spi permanent voll stehen lässt.*

Manöverabläufe beim Spinnakern

Bei den folgenden Spinnaker-Manövern wird davon ausgegangen, dass diese auf einem Fahrtenboot mit kleiner Crew (Rudergänger und zwei Crewmitglieder) vorgenommen werden. Weiterhin wird vorausgesetzt, dass mit zwei Schoten und nur einem Spinnakerbaum gearbeitet wird. Toppnant und Niederholer des Spibaums sind jeweils an einer Hahnepot befestigt und die Spibaum-Endbeschläge sind identisch. Der Baum braucht also nicht, wie auf größeren Yachten erforderlich, beim Schiften abgetoppt und hinter dem Vorstag durchgeschwenkt zu werden. Schließlich wird der Niederholer in Mastfußnähe angeschlagen. Dieses erfordert keine Niederholerbedienung bei unterschiedlich waagerechter Stellung des Spibaums.

Spinnaker setzen

1. Spi auf der Leeseite (oder im Bugkorb) anschlagen (Fall und beide Schoten).
2. Barberhauler (wenn vorhanden) in Lee lösen, in Luv dichtholen.
3. Spibaum mit eingehängter Luvschot waagerecht am Mast anschlagen.
4. Leeschot auf Markierung vorbelegen.
5. Spifall vor die Saling schleudern (andernfalls muss der Spinnaker zwischen dem aufgefierten an der Saling anliegenden Großsegel und der Salings-Achterkante hindurchgezerrt werden).
6. *Crew 1* übernimmt das Spifall.
   Crew 2 sorgt dafür, dass der Spi reibungsarm und leichtgängig aus der Kajüte hochgezogen werden kann.
   Steuermann zieht an der Luvschot bis das Schothorn am Vorstag sichtbar wird. Dabei wird in den meisten Fällen der Spibaum gegen ein Luvwant gezogen. Deshalb drückt
   Crew 2, wenn der Spi fast vollständig hochgezogen worden ist, den Spibaum zum Vorstag.
7. Der Spinnaker ist jetzt gesetzt, steht aber noch nicht, weil er von den Segeln abgedeckt wird.

8. *Crew 2* übernimmt die Luvschot und zieht den Spibaum nach Luv.
   Crew 1 löst das Vorsegelfall und birgt das Vorsegel.
   Steuermann lässt das Vorsegelfall durch die Hand gleiten.
9. *Steuermann* geht auf Kurs.
   Crew 1 trimmt die Luvschot mit der Winsch.
   Crew 2 trimmt die Leeschot aus der Hand (über die Winsch).

Halsen bei leichtem bis mäßigem Wind

1. *Steuermann* geht annähernd vor den Wind und steuert präzise diesen Kurs.
   Crew 1 zieht den Spibaum mit der Luvschot bis an ein Luvwant und löst (wenn vorhanden) den Luv-Barberhauler.
   Crew 2 fiert die Leeschot bis das Schothorn am Vorstag fast sichtbar wird und zieht (wenn vorhanden) den Lee-Barberhauler dicht.
2. *Steuermann* übernimmt beide Spischoten, wenn Crew 1 die Backstagen bedienen muss.
   Crew 1 übernimmt entweder beide Backstagen oder beide Spischoten.
   Crew 2 löst den Spibaum-Niederholer etwas und geht vor den Mast, um den Spibaum zu schiften (Blickrichtung nach achtern).
3. *Crew 2* löst die Luvschot vom Spibaum, entfernt diesen aus dem Mastbeschlag, pickt ihn in die Leeschot in Schothornnähe ein und befestigt schließlich den Spibaum neu am Mast.
   Crew 1 muss die »alte« Luvschot eventuell etwas dichter ziehen, damit der Spi stabiler steht.
4. *Steuermann* fällt ab, um das Schiften des Großsegels zu unterstützen, und bedient ggf. die Großschot, wenn Crew 1 die Backstagen bedienen muss.
   Crew 1 bedient entweder die Backstagen oder die Spischoten.
   Crew 2 bedient entweder die Spischoten oder schiftet das Großsegel.
5. *Steuermann* geht auf Kurs.

Halsen bei mäßigem bis starkem Wind

1. *Steuermann* geht annähernd vor den Wind und steuert diesen Kurs sehr präzise.
   Crew 1 zieht den Spibaum mit der Luvschot fast bis zu einem Luvwant, belegt sie, löst den Barberhauler (wenn vorhanden) in Luv und zieht den in Lee dicht.
   Crew 2 fiert die Leeschot nur so weit, dass der Spi noch stabil steht.

2. *Steuermann* steuert dem Spi »nach«, sodass dieser nicht einfällt.
   Crew 1 übernimmt die Großschot oder (falls vorhanden) die Backstagen.
   Crew 2 löst vorsichtig den Spibaum-Niederholer und geht vor den Mast, um den Spibaum zu schiften.
3. *Crew 2* löst den Spibaum vom Mast, pickt die Leeschot in Schothorn-Nähe ein, löst danach die Luvschot vom Spibaum und pickt diesen neu in den Mastbeschlag ein, geht dann sofort zum Cockpit und übernimmt die Leeschot.
4. *Steuermann* fällt langsam ab, bedient die Großschot, wenn Crew 1 die Backstagen bedienen muss.
   Crew 1 bedient die Backstagen oder die Großschot.
   Crew 2 fiert die neue Luvschot (nach der Halse) so weit, dass der Spi im Vorsegeldreieck nicht back steht.
5. *Steuermann* gibt nach dem Schiften des Großsegels sofort und dosiert Stützruder.
   Crew 1 übernimmt die neue Leeschot und zieht diese, falls der Rudergänger nicht genügend Stützruder gibt, dicht.
   Crew 2 fiert gegebenenfalls die Luvschot weiter, damit der Spi auf keinen Fall im Vorsegeldreieck back steht.
6. *Steuermann* geht auf Kurs und steuert diesen präzise.
   Crew 1 trimmt die Leeschot.
   Crew 2 stellt die Luvschot ein und belegt sie, hilft anschließend Crew 1 an der Lee-Spischotwinsch.

Hinweis: Dem Steuermann fällt bei diesem Manöver eine besonders verantwortungsvolle Rolle zu. Präzises Steuern ist dringend erforderlich, damit der Spi nicht einfällt. Er muss sich auf die Vordecks- und Schotenarbeit einstellen, sich nach der Crew richten und darf kein überhastetes Schiften des Großsegels herbeiführen.

Spinnaker bergen

1. *Crew 2* bereitet Spifall und Luvschot zum Fieren vor.
2. *Steuermann* übernimmt (über Winsch) die Luvschot.
3. *Crew 2* übernimmt Spifall.
4. *Crew 1* zieht Lee-Barberhauler (wenn vorhanden) dicht und greift sich die belegte Leeschot.

Steuermann fiert Luvschot vorsichtig, bis der Spibaum an das Vorstag tippt. Daraufhin gelangt der Spi in die Abdeckung der Segel und fällt kraftlos in sich zusammen.

5. *Crew 2* fiert in der gleichen Geschwindigkeit das Spifall, in der *Crew 1* das lose Tuch einsammeln kann.
   Crew 1 sammelt den Spinnaker ein und wirft ihn in die Kajüte.
   Steuermann fiert in der gleichen Geschwindigkeit die Luvschot, in der *Crew 1* das lose Tuch einsammeln kann.
6. *Crew 2:* Sowie das Spifall vollständig gefiert worden ist, kann die Fockschot bedient werden.
7. *Crew 1:* Sowie der Spi geborgen wurde, kann der Spibaum geborgen werden (entfällt bei Verwendung eines Toppnant-Beiholers).
8 *Crew 1* holt während der Leetonnen-Umrundung die Großschot dicht.
   Crew 2 holt rechtzeitig das Vorsegel dicht und achtet darauf, dass der untere Teil der Genua, die »Schürze«, wohlbehalten über die Seereling flappt.

Tipp: Ab etwa vier Beaufort sollte der Steuermann auf einen Raumschots-Kurs während des Bergemanövers abfallen, damit der Spinnaker zuverlässiger in die Abdeckung der Segel gerät.

Vorbereitungen für eine Regatta

Propellereinstellungen - Voraussetzungen für eine Regattateilnahme - Startübungen - Gewichtsreduzierung - Segelanweisungen - Ausrüstungsumfang - Informationen über Revier und Wetter - Checkliste vor dem Auslaufen

Die Vorbereitungen beginnen bereits im Winterlager an Land, wenn es darum geht, ein glattes Unterwasserschiff zu zaubern. Mit Schleifpapier und Spachtelmasse (bei Bedarf) müssen Unebenheiten beseitigt werden. Grobe Pinselspuren auf der Unterwasserfarbe sollten nass nachgeschliffen werden. Das Aufrollen eines Anstrichs hinterlässt bekanntlich eine glattere Oberfläche als ein Pinselanstrich.
Ein feststehender Zweiflügel-Propeller bremst am wenigsten, wenn er bei Geschwindigkeiten über drei Knoten festgestellt (eingekuppelt) wird, und zwar in senkrechter Position hinter dem Wellenbock. Diese Senkrechtstellung ist reproduzierbar, wenn im Motorraum auf der Welle eine Farbmarkierung gemacht wird. Beim Saildrive ist diese Kennzeichnung allerdings nicht möglich.
Bei waagerechter Faltpropeller-Stellung kommt es, vor allem bei schrägem Wellenaustritt aus dem Rumpf, zu Strömungsabrissen an der Propeller-Achterkante. Diese sind umso heftiger, je mehr die Yacht im Wellengang stampfende Bewegungen macht.
Schließlich hat man im Winterlager viel Zeit, die Beschläge gängig zu machen oder gar auszuwechseln, Segel checken zu lassen und das Boot von überflüssigem Gewicht zu befreien. Stets daran denken: Überflüssiges Gewicht bremst!
Im Frühjahr liegen in den meisten Segelclubs Regatta-Ausschreibungen aus, anhand derer man sich über Termin, Ort und zugelassene Bootstypen, beispielsweise Yardstick-Yachten, informieren kann. In vielen Regionen werden Veranstaltungs-Jahrbücher herausgegeben, in denen sämtliche Regatten der Saison zusammengefasst sind. Auch diese sind über ortsansässige Clubs oder auch von Landes-Seglerverbänden (Anschriften am Ende des Buches) zu erhalten.

Abb. 40: Eine Regatta-Uhr, die man auch bei Nässe und gegebenenfalls auch ohne Brille zuverlässig ablesen kann.

Wer sich nun zur Teilnahme an einer Regattaveranstaltung entschlossen hat, sollte vor termingerechter Abgabe seiner Meldung prüfen, ob auch alle Zutaten stimmen. Das gilt vor allem für das Zusammenstellen der Crew. Sollte später ein Crewmitglied verhindert sein, ist es üblich, den Skipper so rechtzeitig zu informieren, dass jemand von der »Reservebank« einspringen kann. Gibt es einen solchen Fundus nicht, dann sollte es selbstverständlich gute Kameradschaft sein, dass der Verhinderte für gleichwertigen Ersatz sorgt. Bei den Regatta-Gesamtkosten müssen neben der Meldegebühr auch weitere finanzielle Aufwendungen wie Slip-/Kran-Gebühren oder Liegeplatzkosten berücksichtigt werden. In der Regel entfallen diese Gebühren jedoch für Regattateilnehmer.

Die meisten Fahrtensegler werden kaum großen Ehrgeiz zum Trainieren entwickeln. Es soll an dieser Stelle jedoch auf zwei Dinge hingewiesen werden, die es sich zu üben lohnt. Da sind zunächst die fehlerlosen Manöverabläufe. Weiterhin ist es auf einer Regatta ausschlaggebend, einen guten Start hinzulegen. Auch das sollte – bei doch recht geringem Aufwand – ein wenig geübt werden. Ein sauberer »Nullstart« ist aus zwei Gründen besonders wichtig: Man segelt in freiem Wind und die Crew ist motiviert!

Abb. 41: Startübungen zwischen zwei eng ausgelegten Bojen, die als »Startlinie« dienen.

Die erste Übung dient dem Zweck, beim Startschuss pünktlich über die Linie zu segeln. Hierzu bedarf es einer Uhr mit Sekundenanzeige, möglichst rückwärts zählend (»Countdown-Funktion«). Weiterhin ist ein fest verankerter Punkt auf dem Wasser erforderlich, beispielsweise eine beliebige Boje. Es tut auch ein verankerter Fender. Nun geht es darum, wie beim Nahezu-Aufschießer eines Mann-über-Bord-Manövers, die Boje auf einem Amwind-Kurs zu einem selbst vorgegebenen Zeitpunkt zu erreichen. Diese Übung sollte auf Backbord-Bug erfolgen, da in der Regel mit Wind von Steuerbord gestartet wird.

Wer eine solche Zeit-/Start-Übung bei unterschiedlichen Wind- und Wellenbedingungen einige Male absolviert hat, der wird später beim richtigen Start mit sehr viel mehr Selbstvertrauen an die Sache herangehen. Nebenbei wird bei dieser Übung das langsame Segeln geschult. Nähert man sich nämlich einer Startlinie zu frühzeitig, muss »auf die Bremse getreten« werden. Möglicherweise wird es erforderlich, die Fahrt so weit und so lange zu reduzieren bis die Yacht (fast) steuerunfähig wird. Das gilt vor allem für Kurzkieler, die beim Dichtholen der Schoten weniger vorwärts Fahrt aufnehmen, sondern verstärkt zur Seite wegdriften. Also lernt der Steuermann das Verhalten des Bootes bei extrem langsamer Fahrt kennen und die Manövrierfähigkeit zu erhalten.

Rechtzeitig vor dem Tag der Regatta gibt es vor allem noch zwei Dinge zu erledigen: Gewicht von Bord bringen und das Unterwasserschiff reinigen. Beides funktioniert am besten gemeinsam mit der vollständigen Crew. Das fördert den

Abb. 42: Vor der Regatta Überflüssiges von Bord. Man wird erstaunt sein, was da an Gewicht zusammenkommt.

Gemeinsinn. Soweit vernünftig und mit vertretbarem Aufwand möglich, sollten all die Dinge von Bord, die nicht zum Regattasegeln erforderlich sind. Es mag lächerlich anmuten, wenn ich auch bei einem 5-Tonnen-Boot empfehle, den Werkzeugkasten von Bord zu nehmen. Aber: Jedes Einzelteil mag »nur ein paar Kilogramm wiegen«, alles Ausgeladene zusammen bringt jedoch eine gewaltige Gewichtsreduzierung. Sollte aus organisatorischen Gründen das überflüssige Gewicht nicht wegtransportiert werden können, muss eben kurz vor der Wettfahrt alles in der clubeigenen Bootshalle oder auf der Steganlage unter einer Persenning gelagert werden. Als bewusster »weightwatcher« wird jeder Eigner natürlich darauf achten, dass Wasser- und Dieselvorrat nur minimal vorhanden sind. Ein 5-Liter Diesel-Reservekanister hat sich bewährt.

Achtung! Es dürfen aber nur solche Ausrüstungsgegenstände geleichtert werden, die nicht zum Werft-Standard-Lieferumfang gehören, ansonsten wäre das ein Verstoß gegen die Yardstick-Regeln.

Abb. 43: Reinigen des Unterwasserschiffs vor einer Regatta: So lassen sich teure Kran- und Slipgebühren sparen.

Ein anderer wesentlicher Punkt der Bootsvorbereitung besteht im Reinigen des Unterwasserschiffes. Je weiter die Saison fortgeschritten ist, desto mehr Bewuchs hat sich angesiedelt. Und je flauer es auf der Regatta ist, desto negativer wirkt sich diese »Bremse« auf die Geschwindigkeit aus. Natürlich wäre es optimal, die Yacht für die Säuberung an Land zu bringen. Allerdings wird kaum ein Eigner bereit sein, die hiermit verbundenen Kran- oder Slipkosten zu zahlen. Aber es gibt alternative Möglichkeiten. Sie sind kostenlos. Die Crew kann beispielsweise das Boot am Spinnakerfall krängen. So kommt man von einem Beiboot bestens mit einem Schrubber an das Unterwasserschiff heran. Kleinere Boote lassen sich gar um 90 Grad krängen, sodass die Reinigungsarbeiten besonders bequem und effektiv durchgeführt werden können. Und dann bietet sich noch eine Reinigungsvariante an: Das Boot wird an einem steilen Sandufer, ebenfalls mit dem Spinnakerfall gekrängt, zum Land hin gezogen. Schließlich lässt sich in Tidengewässern bequem, aber zeitaufwändig der Tidenhub durch Trockenfallen nutzen. Aber Vorsicht! Kurzkielyachten kippen dabei gern nach vorn herunter. Sie müssen deshalb im Vorschiffsbereich besonders sicher abgefangen werden.
Am Tag oder Abend vor der Wettfahrt bleibt Zeit, um die vom Veranstalter ausgegebenen »Segelanweisungen« zu studieren. Diese beinhalten sämtliche Informationen, die für die Wettfahrt erforderlich sind. Auch kann ein abendliches Schwätzchen mit revierkundigen Regattateilnehmern die eigene Platzierung möglicherweise positiver gestalten lassen. Schließlich hat jedes Revier seine Eigenarten wie typische Flautengebiete, Winddreher, Strömungskanten oder gar Untiefen.
Wer den Funkverkehr der Wettfahrtleitung abhören kann, ist besser informiert, deshalb sollte man den UKW-Kanal erfragen. Schon so mancher Frühstart konnte hierdurch rechtzeitiger erkannt und korrigiert werden. Bevor man in die Koje geht, ist es zweckmäßig, einen Wetterbericht zu hören. So kann man die mögliche Segelführung, den Kurs und die voraussichtlichen Manöver schon mal durchdenken. Das beruhigt!
Auf vielen Regattaveranstaltungen wird, meist zu schrecklich früher Stunde, eine so genannte »Steuermannsbesprechung« von der Regattaleitung anberaumt. Außer einem Wetterbericht gibt es da meistens nichts Besonderes. Anweisungen zu Regatta-Besonderheiten dürfen ohnehin nicht mündlich gegeben werden. Diese gehören an das schwarze Brett. Die Flagge »I«, irgendwo gesetzt – festgelegt in

den Segelanweisungen –, signalisiert: »Die Wettfahrtleitung hat Informationen für die Teilnehmer am schwarzen Brett.« Jeder Teilnehmer ist jetzt verpflichtet, diese Informationen zu lesen.
Am Morgen vor der Wettfahrt sollte vor dem Auslaufen anhand einer Checkliste geprüft werden, ob alles vorhanden und überflüssiges Gewicht von Bord ist.

Checkliste (vor dem Auslaufen zu prüfen)

Sind die folgenden Dinge an Bord?

1. Sämtliche Segel und Schoten
2. Werkzeug, Ersatzteile, Tesaband (Tape)
3. Protestflagge, Startflagge (bei Bedarf)
4. Regattaprogramm, Segelanweisungen, Teilnehmerliste, Seekarten
5. Fernglas, Taschenlampen (bei Nachtfahrt)
6. Stoppuhr
7. Radio, Handy (für Wetterbericht)
8. Rettungsmittel, Notsignale
9. Sonnenbrillen, Sonnencreme, Handschuhe, Medikamente
10. Passende Bekleidung, Reservekleidung
11. Essen und Trinken
12. Reservekanister mit Diesel

Sonstiges

13. Alles Überflüssige von Bord?
14. Wassertank(s) geleert?
15. Bilge leer?
16. Schäkel, Splinte, Blöcke, Bolze, Wantenspanner gesichert?
17. Gasflasche und Seeventile geschlossen?
18. Unter Deck alles seefest gestaut und gesichert?
19. Spinnaker gepackt?
20. Anker und andere gewichtigen Ausrüstungsgegenstände zentral gestaut?

Beim Auslaufen aus dem Hafen und auf dem Weg zum Startgebiet ist es üblich, dass größere Yachten die kleineren Boote ohne Motor »auf den Haken« nehmen.

Dort rechtzeitig angekommen, gilt es einige »Hausaufgaben« zu erledigen. Liegt neben dem Startschiff, auf der anderen Seite der Startlinie, eine Boje mit grüner Flagge, dann muss zwischen dieser und dem Startschiff eingecheckt werden, meistens von Lee nach Luv auf Backbord-Bug. Eine gute Wettfahrtleitung wird die Anmeldung den teilnehmenden Yachten durch Zuruf oder Handzeichen quittieren. Anschließend wird derjenige Segeltrimm eingestellt, der nach dem Start erforderlich wird. In der Regel ist dies ein Amwind-Trimm.
Wird nach dem Start ein Kreuzkurs gesegelt, dann lohnt es, die Kompasskurse auf beiden Bugs zu kontrollieren. Und zwar mehrfach und sehr aufmerksam. Nur so lässt sich später feststellen, welche Höhe am Wind auf dem jeweiligen Bug »gut« oder »schlecht« ist. So kann später viel leichter entschieden werden, ob eine Wende zweckmäßig ist. Wer es besonders sorgfältig machen möchte, der notiert sich die Kompasskurse etwa alle drei Minuten und kann so auf den Charakter des Windes schließen.
Beispiel: Am Kompass werden in Abständen von drei Minuten die folgenden Kurse notiert: 80 - 85 - 80 - 90 - 80 - 90 - 85 Grad. Daraus lässt sich erkennen, dass der Wind um einen Mittelwert (84 Grad) herum schwankt. Solche gleichmäßigen Winddreher lassen sich geschickt auswenden und somit zum Vorteil nutzen. Werden hingegen in einem anderen Beispiel die folgenden Kompasskurse abgelesen: 80 - 80 - 85 - 80 - 90 - 95 - 85 - 95 Grad, ist aus dieser Zahlenreihe zu erkennen, dass der Wind eine Tendenz zum Rechtsdrehen hat.

Startvorbereitungen

Die drei Methoden - Die bevorteilte Seite einer Startlinie - Zeitnahme - Taktik-Scheiben - Reindrängeln

Jetzt geht es um die sehr entscheidende Frage: »Wo ist die bevorteilte Seite der Startlinie?« Denn nur wenn der Wind genau senkrecht auf die Linie trifft, gibt es keine bevorteilte Seite. Und das kommt bei einem Amwind-Start so gut wie niemals vor. Entscheidend ist, ob der Wind schräg von rechts oder von links auf die Linie trifft. Merkwürdigerweise neigen die meisten Crews von Yardstick-Yachten dazu, bei einem Kreuzkurs in der Nähe der rechten Startlinien-Begrenzungstonne zu starten. Auch wenn die linke Seite noch so bevorteilt ist.

Abb. 44: Die Wettfahrtleitung zeigt die abzusegelnde Bahn an. Achtung! Bei mehreren Starts unterschiedlicher Yardstick-Gruppen können abweichende Bahnanzeigen erfolgen.

Abb. 45: Eine Startlinien-Begrenzungstonne.

Übrigens: Die Lage der in Luv liegenden Bahnmarke spielt bei der Wahl der Startlinien-Seite keine Rolle. Allein der Auftreffwinkel des Windes auf die Linie ist entscheidend. Die Zeichnung (siehe Abb. 46) soll dies verdeutlichen. Eingezeichnet sind, jeweils nach unterschiedlichem Windeinfall von der linken Seite der Startlinie, die Kurse der Yachten A und B. Trifft der Wind exakt senkrecht auf die 120 Meter lange Startlinie, dann beträgt die Richtungsabweichung »Null Grad«. Beide Yachten kreuzen mit 45 Grad am Wind ihren 0-Grad-Kurs und treffen sich mittig in Luv der Linie.

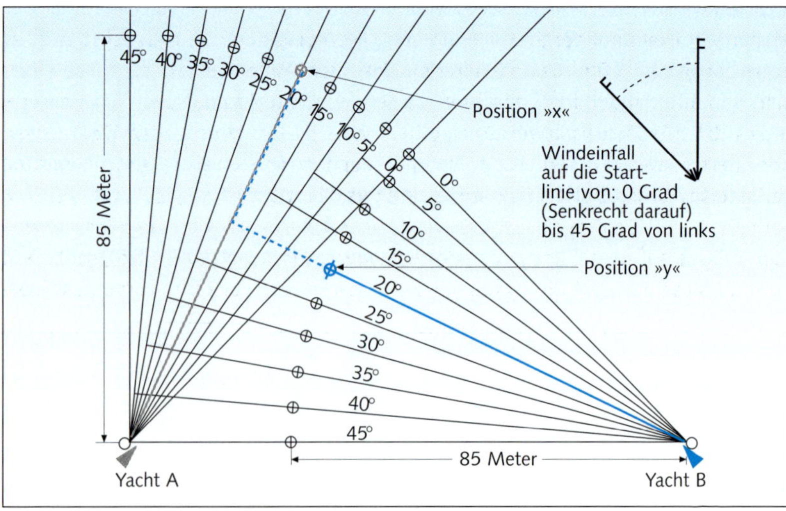

Abb. 46: Gegeben ist eine Startlinie von 120 m Länge. A startet an der linken, B an der rechten Seite. Gesucht wird der Vorteil von A gegenüber B nach gesegelten 85 m. Der Wind soll mit 20° von links auf die Startlinie treffen. Beide Yachten segeln mit 45° am Wind und starten gleichzeitig. Der Grafik kann ein Vorsprung von etwa 58 m entnommen werden (gestrichelte Linie). Wenn A die Position »x« erreicht, befindet sich B erst in Position »y«. Die kompletten Ergebnisse bei Windeinfalls-Winkeln zwischen 5° und 45° von links:

Windeinfall (°)	*5*	*10*	*15*	*20*	*25*	*30*	*35*	*40*	*45*
Vorteil (m)	*13*	*25*	*43*	*58*	*72*	*85*	*98*	*109*	*120*

Der andere Extremfall wäre ein Windeinfallswinkel von 45 Grad von links auf die Startlinie. Yacht B segelt dabei auf Backbord-Bug exakt auf der Linie entlang und kommt keinen Meter über die Linie. Yacht A segelt auf Steuerbord-Bug genau senkrecht zur Startlinie. *Fazit:* Je schräger der Wind von links auf die Startlinie trifft, desto größer sind die Vorteile der links gestarteten Yacht A gegenüber der rechts gestarteten Yacht B. Wie nun lässt sich der Auftreffwinkel des Windes auf eine Startlinie ermitteln? Ihn herauszufinden ist ein sehr wesentlicher Teil der Startvorbereitungen. Drei Methoden sind üblich.

Erste Methode
Man segelt exakt auf der Startlinie entlang. Hierbei wird das Großsegel so mit der Schot eingestellt (Traveller mittschiffs), dass der Vorliekbereich zeitweise leicht killt. Es sollte dabei darauf geachtet werden, dass der Abwind aus dem Vorsegel dieses Killen nicht verfälscht. Das Beste: Man lässt das Vorsegel an Deck liegen oder fiert es weit auf. Wird nun das Ende der Startlinie erreicht, geht es mit unveränderter Großschotstellung auf Gegenkurs. Jetzt kann aufgrund des Ausweichverhaltens des Großsegels auf den Auftreffwinkel des Windes geschlossen werden. Killt es auf dem Gegenkurs stärker, kommt der Wind nun spitzer, mehr von vorn. In diesem Fall ist die rechte Seite der Startlinie bevorteilt. Würde das Groß-

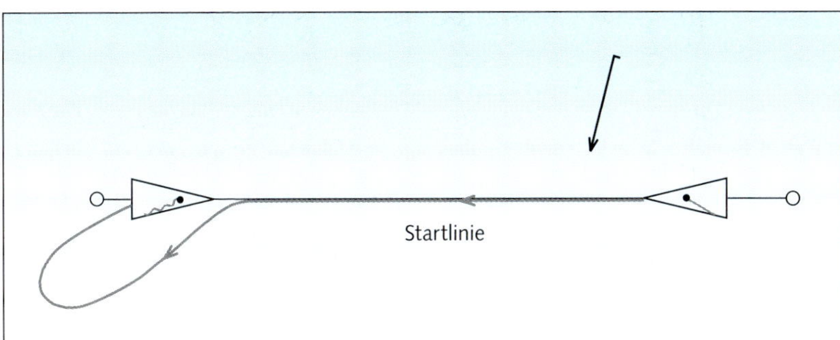

Abb. 47: Erste Methode: Die Yacht segelt raumschots von rechts nach links, mit leicht killendem Vorliek des Großsegels, auf der Startlinie entlang. Killt das Vorliek auf dem Rückweg von links nach rechts mehr, trifft der Wind von rechts auf die Linie: Die rechte Seite ist bevorteilt.

segel auf dem Rückkurs praller/voll stehen, also weniger killen, dann würde der Wind die Yacht jetzt achterlicher treffen als auf dem Hinkurs. Der Wind wehte schräg von links auf die Linie, die linke Seite der Startlinie wäre bevorteilt.

Manchmal ist die Startlinie von anderen Booten »gut besucht«, sie verhindern das exakte Absegeln der Linie und erzeugen auch noch zusätzlich störende, verfälschende Windverwirbelungen. Dann kann zum Feststellen der bevorteilten Seite auch eine der äußeren Verlängerungen der Linie benutzt werden. Man segelt hier genauso gut, wenn nicht gar noch genauer, auf der Peilung beider Startlinien-Begrenzungstonnen entlang und ist dabei ungestörter.

Zweite Methode:

Hierbei wird der Kompass zur Hilfe genommen. Man segelt zunächst wieder exakt auf der Startlinie entlang und notiert sich den Kompasskurs, beispielsweise »190 Grad«. Anschließend stellt der Rudergänger das Boot gegen den Wind in einem rechten Winkel zur Linie. Der Kompass zeigt dann »100 Grad« an. Jetzt liegt das Boot senkrecht zur Startlinie, und es lässt sich die bevorteilte Seite ermitteln. Pendelt nämlich der Großbaum überwiegend zur Backbord-Seite, dann trifft der Wind schräg von rechts auf die Linie. Also ist die rechte Seite bevorteilt. Analoges gilt für einen nach Steuerbord ausschlagenden Baum.

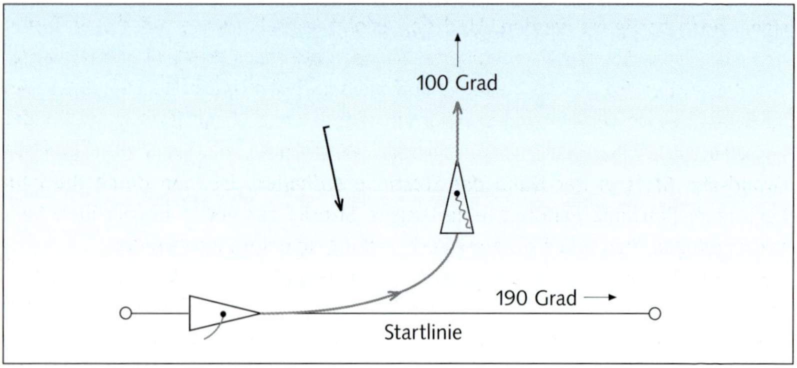

Abb. 48: Zweite Methode: Die Yacht segelt auf Steuerbord-Bug auf der Startlinie entlang und schießt exakt rechtwinklig dazu auf. Weht das Groß nach Steuerbord aus (wie hier), trifft der Wind von links auf die Startlinie: Die linke Seite ist bevorteilt.

Die *dritte, besonders einfache Methode* wird überwiegend von Jollenseglern angewendet. Auf der Startlinie oder an einer der beiden Startlinien-Begrenzungstonnen wird ein Aufschießer direkt in den Wind gefahren. Eine Peilung über die Travellerschiene gibt ebenfalls Auskunft über die bevorteilte Seite. Beispiel: Der Aufschießer wird an der rechten Tonne gefahren. Querab dieser Tonne peilt die Crew die linke Startlinien-Begrenzungstonne achterlicher der Traveller-Verlängerungslinie. Also trifft der Wind schräg von rechts auf die Linie.

Eine sehr gute Hilfe bei der Ermittlung der bevorteilten Seite einer Startlinie bieten so genannte Taktik-Scheiben. Sie werden seit vielen Jahren von den Firmen Musto und Elvström angeboten. Mit diesen handlichen Scheiben lässt sich der Windauftreffwinkel auf die Linie auch unter windigen und hektischen Bedingungen sicher ermitteln.
Achtung! Sollte die linke Seite einer Startlinie überdeutlich bevorteilt sein, muss geprüft werden, ob diese überhaupt auf Backbord-Bug überquert werden kann. Unerfahrene oder bequeme Wettfahrtleitungen bringen solche konfusen Linien tatsächlich zustande.
Hat sich die Crew für eine Seite entschieden, dann sollte die vom Startschiff weiter entfernte Begrenzungstonne genau beobachtet werden. Denn die Startlinie kann durch Hilfsboote der Regattaleitung bis zum Fünf-Minuten-Vorbereitungssignal noch korrigiert werden. Und das erfolgt logischerweise mit dieser Tonne, denn die beim Startschiff verankerte Tonne oder das Startschiff selbst werden zum Peilen der Frühstarter benötigt und bleiben deshalb auf Position liegen. Anschließend muss der Startliniencheck wiederholt werden. Und da kann die Zeit bei leichtem mit Flautenlöchern gespicktem Wind knapp werden. Deshalb gilt der Grundsatz: *Stets in der Nähe der Startlinie aufhalten.* Ist man durch die neue Lage einer Startlinie genötigt, eine längere Strecke zur neuen bevorteilten Seite zurückzulegen, dann darf bis zum Vorbereitungssignal motort werden.
Lässt sich die Lage der nächst zu rundenden Bahnmarke nicht ermitteln, ist die Wettfahrtleitung verpflichtet, diese bekannt zu geben, entweder durch die geografische Breite und Länge oder die Peilung und Entfernung dorthin. Damit ist auch bekannt, ob und an welcher Seite voraussichtlich der Spinnaker gesetzt werden kann. Die entsprechenden Vorbereitungen können also jetzt schon getroffen werden.

Noch ein Hinweis: Auch wenn ein Gewässer noch so sauber erscheint, so kann sich doch bremsender Unrat vor Kiel- oder Ruderblatt-Vorkante verhakt haben. Dessen kann man sich durch kurzzeitiges Rückwärtsmotoren (oder Segeln) entledigen. Und um ganz sicher zu gehen, dass der Faltpropeller auch zuverlässig zusammenklappt, kann kurz vor dem Abstellen des Motors kurzzeitig Vorwärts-Vollgas gegeben werden. Durch den hierdurch erhöhten Wasserdruck wird auch ein etwas schwergängiger Prop sicher zusammenklappen.
Nachdem die »Hausaufgabe« des Findens der richtigen Startlinien-Seite erledigt wurde, kommt die nächste auf die Crew zu: die Zeitnahme des Ankündigungssignals. Ob sechs oder zehn Minuten vor dem Startsignal, das steht in den Segelanweisungen. Naht der Zeitpunkt, dann lässt sich die Zeit am besten stoppen, wenn man sich auf wegeberechtigtem Backbord-Bug direkt am Startschiff aufhält. Aus zweierlei Gründen ist dieses zweckmäßig. Zunächst gibt es keine Schallverzögerung, sodass sehr exakt bei »Null« gestoppt werden kann. Weiterhin lässt sich feststellen, ob der leisere Abschuss der Knallpatrone oder der lautstärkere Knall in der Luft gilt. Ein Vergleich mit dem zeitgleichen Dippen oder Hissen von Startflaggen gibt hierüber Auskunft. Meistens hört man jemanden auf dem Startschiff laut zählen: »... fünf-vier-drei-zwei-eins-nullll!« Das ist dann die sicherste Zeitnahme. Als übliches Zeitsignal wird übrigens der leisere Abschussknall von den Wettfahrtleitungen bevorzugt.
Genau genommen zählt gemäß den Regeln das optische Flaggensignal. Eine fatal falsche Zeitnahme kann passieren, wenn man sich weit weg vom Startschiff aufhält. Denn durch die Schallgeschwindigkeit von 340 Metern pro Sekunde kann es zu reichlicher Verspätung einer Zeitnahme kommen. Besonders bei unstetem Wind kann das weite Entfernen von der Startlinie dazu führen, dass man zu spät zum Zeitsignal oder gar zum Start kommt. Also lieber ein paar Raumschots-Schläge in der Nähe fahren, als zu hoffen: »Schaffen wir doch leicht - oder?«
Für ganz verzweifelte Zuspätkommer bietet sich zur letztmöglichen Zeitnahme noch das akustische und optische Ein-Minuten-Signal an. Nach diesem Signal – Wegnahme der Flagge I – dürfen weder die Startlinie noch ihre beidseitigen (gedachten) Verlängerungen überquert werden. Geschieht dieses, muss eine der beiden Startlinien-Begrenzungen gerundet werden (»Round the ends«-Regel).

Ausweichregeln beim Starten

In Abb. 49 versucht Hobel die bevorteilte linke Seite der Startlinie auf Steuerbord-Bug zu queren. Die anderen Boote allerdings haben diesen Linienvorteil auch erkannt und nähern sich der linken Startlinien-Begrenzungstonne auf Backbord-Bug. Sie haben natürlich Wegerecht gegenüber Hobel. Hobel muss sich freihalten und »ganz hinten anschließen«. *Fazit:* Amwind-Starts werden (fast) ausnahmslos auf Backbord-Bug gestartet.

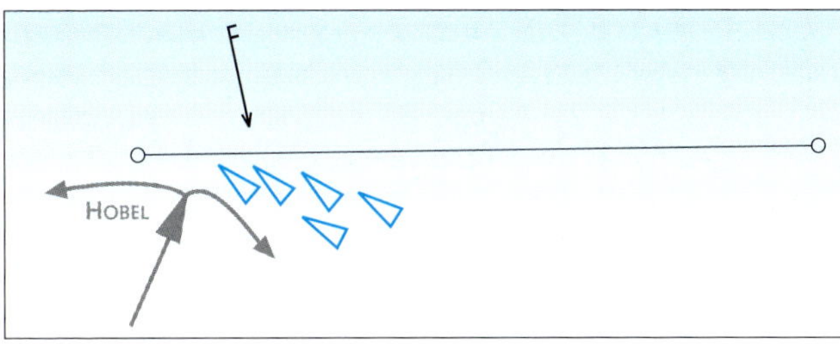

Abb. 49: Hobel startet auf Steuerbord-Bug und muss allen auf Backbord-Bug Startenden ausweichen.

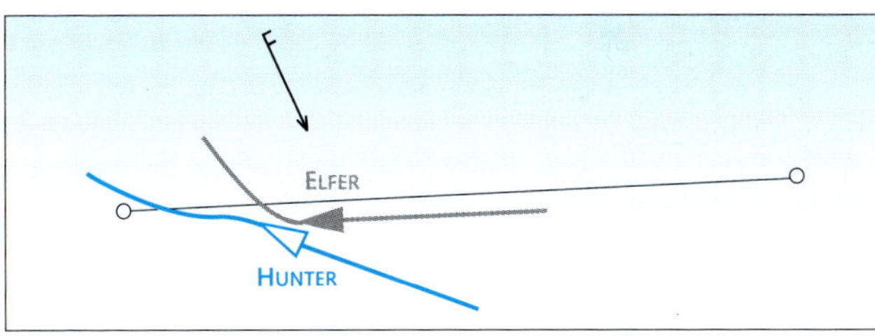

Abb. 50: Elfer ist als Luv-Yacht Hunter gegenüber ausweichpflichtig.

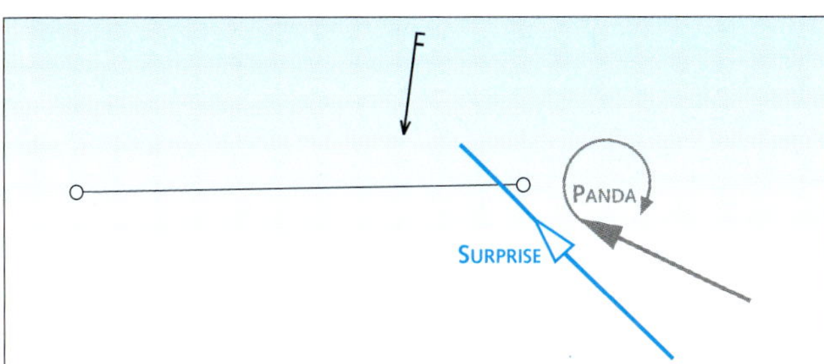

Abb. 51: So wäre es korrekt gewesen. Panda segelt eine »Warteschleife«. Auch bei versuchtem Reindrängel-Start gilt: Leeyacht vor Luvyacht.

In Abb. 50 segelt ELVER raumschots auf der Startlinie entlang. HUNTER segelt höher am Wind. Überlappen beide Yachten, muss sich ELVER freihalten. Ein Zuruf: »Sie dürfen mich nicht über die Linie drängeln!« zeugt nur von unterentwickeltem Regelbewusstsein. Auch in der Startphase gilt: Leeyacht vor Luvyacht.

PANDA versucht in Abb. 51 einen »Reindrängel-Start«. SURPRISE liegt als Leeyacht höher am Wind und hat gegenüber PANDA volles Wegerecht. Im vorliegenden Fall drängelte sich PANDA noch zwischen Tonne und SURPRISE. Es kam zu einer Berührung mit SURPRISE. PANDA wurde disqualifiziert. PANDA hätte gemäß Skizze eine »Warteschleife« segeln müssen. Auch bei versuchtem »Reindrängel-Start« gilt: Leeyacht vor Luvyacht.

Der Start

Backbordbug-Start – Wegerechtbestimmungen – Taktisches Verhalten – Spinnaker-Start

Bei einem Amwind-Start wird grundsätzlich auf Backbord-Bug gestartet. Selbst dann, wenn die linke Seite der Startlinie deutlich bevorteilt ist. In Abb. 49 (siehe Seite 73) versucht Hobel einen Steuerbord-Bug-Start, muss jedoch allen auf Backbord-Bug segelnden Yachten Raum geben. Ein guter Start auf Steuerbord-Bug ge-

Abb. 52: Die schwedische J 24 legt einen absoluten Nullstart hin, hat freien Wind und dadurch beste Aussichten auf einen vorderen Platz.

lingt nur äußerst selten und ist außerdem mit einem sehr großen Risiko behaftet. Denn es gilt, dass eine Yacht mit Wind von Steuerbord (Backbord-Bug) einer Yacht mit Wind von Backbord (Steuerbord-Bug) ausweichen muss (Regel 10). Es gibt nur eine Ausnahme, wenn nämlich die Wegerechtyacht eine plötzliche Kursänderung macht und sich somit ein Wegerecht erzwingt, worauf die ausweichpflichtige Yacht nach guter Seemannschaft nicht mehr reagieren kann (Regel 16). Die einzige solide Taktik beim Start ist es, sich der Linie auf Backbord-Bug langsam zu nähern und zum richtigen Zeitpunkt die Schoten dichtzunehmen. Einerseits darf man nicht zu sehr raumschots ankommen, denn jedes in Lee segelnde Boot hat meistens gegenüber einem in Luv liegenden Wegerecht (Regel 11), Ausnahme ist auch hierbei wieder Regel 16 (»plötzlich eintretendes Wegerecht«). Andererseits kann ein Kurs extrem hoch am Wind dazu führen, dass man durch Abwinde anderer in Luv befindlicher Boote verhungert und ohne Ruderwirkung stehen bleibt.

Die Kunst des guten Startens liegt unter anderem darin, dass die Crew es versteht, das Boot mit angemessen langsamer Fahrt und unter Berücksichtigung der Wegerechtsregel »Leeboot vor Luvboot« sicher und pünktlich zur Linie zu segeln.

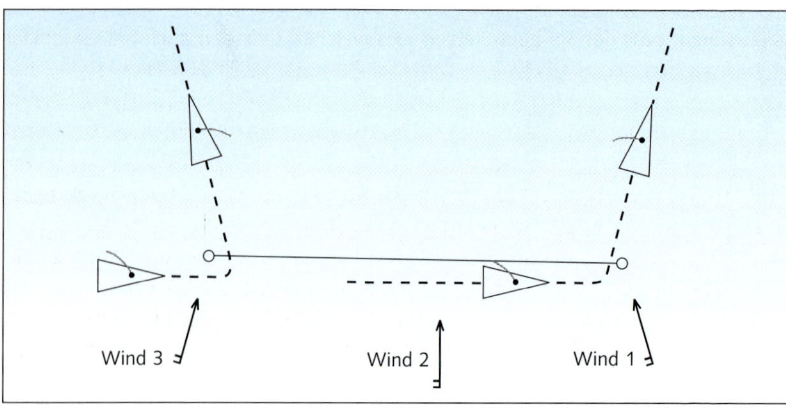

Abb. 53: Spinnakerstart. Eine solide Starttaktik, die Linie auf Backbord-Bug anzusteuern und in Luv zu starten. Bei Wind 1 auf dem rechten, bei Wind 3 auf dem linken Ende der Startlinie.

Ein schlechter Rudergänger zeichnet sich dadurch aus, dass er noch in der letzten Minute wilde Manöver fährt. So was wirkt sich nicht nur negativ auf die Crew aus, in der Hektik kann auch Wirrwarr an Bord gestiftet werden.
Auch wenn der Ruf »Raum!« gemäß den Wettfahrtregeln nicht zwingend erforderlich ist, so hilft ein rechtzeitiger und lautstarker Zuruf zur ausweichpflichtigen Luvyacht, die eigene Taktik ungestörter verfolgen zu können. Leider ist das dickfällige Verhalten von den in Luv liegenden Yachten an einer Startlinie zur Unsitte geworden. Die Skipper haben häufig (berechtigte) Angst, über die Startlinie geluvt zu werden und »halten drauf«, sprich: sie laufen weiterhin raumschots und halten sich nicht frei. Das gilt auch an einer rechten Startlinien-Begrenzungstonne, dort auch als Reindrängel-Start bekannt (siehe Abb. 51, Seite 73).
Auf Yardstick-Regatten durchaus üblich: der Spinnakerstart. Dieser sollte mit gesetztem Amwind-Vorsegel erfolgen. Aus dreierlei Gründen. Zunächst wird jedes Boot durch ein fehlendes Vorsegel vor dem Start erheblich langsamer und träger in seinem Verhalten. Für den Rudergänger ist dieses meist sehr ungewohnt. Er kann sich nur schwer darauf einstellen und kommt mit Sicherheit zu spät oder mit zu geringer Geschwindigkeit zur Startlinie. Ein Amwind-Vorsegel verhindert sehr wirksam, dass sich der Spi um das Vorstag herumwickelt. Es sollte daher eventuell erst geborgen werden, wenn der Spinnaker tatsächlich steht. Schließlich könnte es passieren, dass der Spi beim Setzen, aus welchen Gründen auch immer, unklar ist. Mit gesetzter Genua ließe sich dann das Beste daraus machen, indem der Rudergänger etwas raumer läuft, um die Genua mitziehen zu lassen. Ohne Genua und mit unklarem Spinnaker läge das Boot ziemlich träge herum, und die Konkurrenz wäre schnell auf und davon.
Trifft der Wind ziemlich achterlich auf die Startlinie, gilt als einzig solide Taktik, diese auf Backbord-Bug an- oder abzusegeln, je nachdem an welchem Ende der Linie man zu starten beabsichtigt. Riskant ist es, senkrecht auf die Linie zuzulaufen, weil man bei Erreichen der Linie nicht die Fahrt aus dem Boot bekommt. Beim Raumschots-Ansteuern hingegen lässt sich die Bootsgeschwindigkeit durch Luven und Abfallen, Fieren und Dichtholen der Schoten wirkungsvoll beeinflussen. Ein »Nullstart« kann zeitlich viel besser kalkuliert werden.
Bei der Wahl der bevorzugten Seite der Linie sind häufig regionale Gegebenheiten maßgebend, auf die hier nicht weiter eingegangen werden kann. Ein Start in der Mitte ist meistens ungünstig, weil sich hier – aus welchen Gründen auch immer –

das Feld verdichtet. Der Wind ist entsprechend gestört. Fährt man hingegen vom Start weg, links oder rechts heraus, so kann man dort freieren Wind erwarten. Auch wird die Entscheidung davon beeinflusst, wo die größeren Yachten starten. Man will schließlich nicht in deren Abdeckungen gelangen.

Die bevorteilte Seite einer Vormwind-Startlinie ist in der Regel, wenn es einigermaßen weht, die Luvseite. In Abb. 53 bei »Windrichtung 3« also die linke, bei »Windrichtung 1« die rechte Seite.

Die Regatta

Taktisches Verhalten nach dem Start - Taktik und Wegerecht an einer Luvtonne - Halsen an einer Bahnmarke - Taktik und Wegerecht an einer Leetonne - Die bevorteilte Seite einer Ziellinie

Gleichgültig, ob gut oder schlecht gestartet wurde, als oberstes Gebot gilt: Ruhe im Boot und konzentriert steuern! Wurde der Start verpatzt, kommt als wichtige Maßnahme hinzu, sich freien Wind zu ersegeln, um hinter den verwirbelten Abwinden der vorausliegenden Boote nicht noch weiter nach achtern durchgereicht zu werden. Diese Suche nach ungestörtem freiem Wind muss konsequent erfolgen. Selbst wenn man auf einem Kreuzkurs gegenüber einem Konkurrenten Wegerecht haben sollte, ist die Suche nach freiem Wind wichtiger, als das gegnerische Boot zur Wende zu zwingen (siehe Abb. 55). Ruhig mal »durchwinken«. Außerdem stimmt dieses den Gegner freundlicher und er wird sich möglicherweise später in anderen Ausweichsituationen besonders rücksichtsvoll verhalten.

Abb. 54: Das zurückliegende Boot »3« muss, aus den verwirbelten Abwinden des Vorausliegenden heraus, wenden und angreifen.

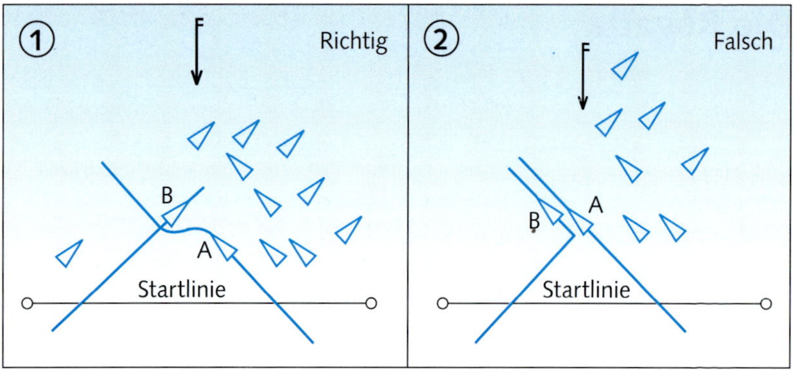

Abb. 55:

1 *Yacht A verzichtet auf ihr Wegerecht und sucht freien Wind.*

2 *Yacht A zwingt B zur Wende. Ergebnis: A segelt im gestörten Abwind von B. Auch eine Wende von A würde diese in erneute Abwinde anderer Yachten bringen.*

Hat man sich schließlich den erwünschten freien Wind erkreuzt, dann kann ein prüfender Blick auf den Kompass helfen. Liegt man günstiger zum Wind als vor dem Start am Kompass festgestellt und notiert, kann auf diesem Bug zunächst weitergefahren werden. Je nach Bootstyp muss nun entschieden werden, ob kleinere Schraler ausgewendet werden können oder ob es zweckmäßiger ist, diese zu ignorieren. Beim Ansteuern einer in Luv liegenden Bahnmarke sollte ein 60-Grad-Winkel nicht verlassen werden (siehe Abb. 56). Also: Nicht über die gedachten Win-

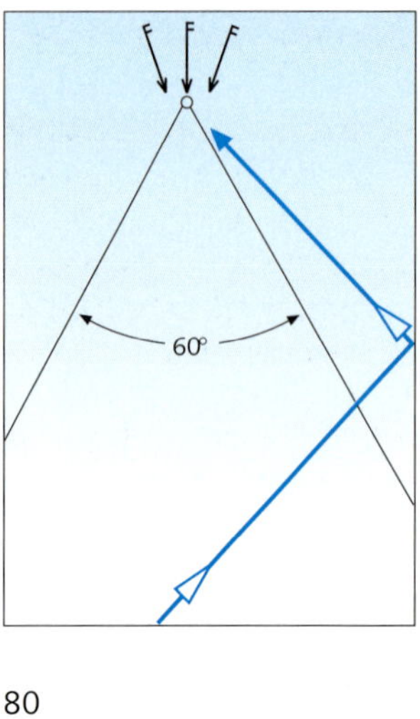

Abb. 56: Der 60-Grad-Winkel (gilt nicht im nahen Tonnenbereich). Eine Yacht verlässt den (gedachten) 60-Grad-Winkel und segelt so weit rechts heraus, dass sie die Luvtonne auf Backbord-Bug anliegen kann. Das ist unnötig riskant. Gleichgültig zu welcher Seite der Wind auch dreht, es wäre nachteilig für die aufkreuzende Yacht und zum Vorteil links liegender Konkurrenten.

kel-Begrenzungen hinaus segeln. Ein Beispiel soll verdeutlichen, warum: Angenommen eine Yacht A ist über diese Linie weiter nach rechts heraus gefahren. Dreht jetzt der Wind nach rechts, muss Yacht A möglicherweise mit gefierten Schoten auf die Luvtonne zulaufen. Dreht der Wind nach links, ist wertvolle Höhe verloren gegangen, A muss spitzer gegen den links gedrehten Wind aufkreuzen. Fazit: Egal wie der Wind dreht, es ist immer ein Nachteil für A, zumindest ein Risiko.

Nähert man sich der Luv-Bahnmarke, sollte dieses auf Backbord-Bug erfolgen. Da sich das Feld der Yachten im Tonnenbereich verdichtet, gibt es auf diesem Bug geringere Probleme hinsichtlich notwendiger Ausweichmanöver. Man hat schließlich Wegerecht. Kommt man hingegen auf Steuerbord-Bug an (siehe Abb. 57), muss bei einem engen Feld von Booten - die natürlich alle auf Backbord-Bug »Raum« verlangen - damit gerechnet werden, dass diese alle vorbeilaufen.

Kann nach dem Umrunden einer Luvtonne der Spinnaker gesetzt werden, dann sollte sie so angesteuert werden, dass die zum Setzen erforderlichen Vorbereitungen ohne Hektik vorgenommen werden können, Das bedeutet bei Backbord-Umrundung, dass vor der Tonne weit genug nach rechts herausgekreuzt wird, um die Tonne nach der Wende auf Backbord-Bug mit Sicherheit anliegen zu können. Bei zu geringer Höhe müsste nochmals gewendet werden. Und das kann bei gesetztem Spinnakerbaum zum Chaos führen. Die letzte Wende vor der Tonne auf Backbord-Bug sollte so rechtzeitig erfolgen, dass der Crew genügend Zeit bleibt, den Spi zum Setzen vorzubereiten.

Analoges gilt für eine Steuerbord-Umrundung der Bahnmarke. Hierbei allerdings kommt erschwerend hinzu, dass auf die Positionen der Konkurrenten geachtet werden muss. Nämlich auf solche, die sich der Tonne auf Backbord-Bug nähern. Ihnen muss ausgewichen werden. Liegen auf diesem Kurs mehrere Boote dicht zusammen (siehe Abb. 59), dann sollte man die Tonne mit respektabler Reservehöhe ansteuern, um nicht zur Wende gezwungen zu werden. Denn die könnte wieder zu dem erwähnten Chaos führen.

Drei weitere typische Situationen, bei denen die Wettfahrtregeln beachtet werden müssen:

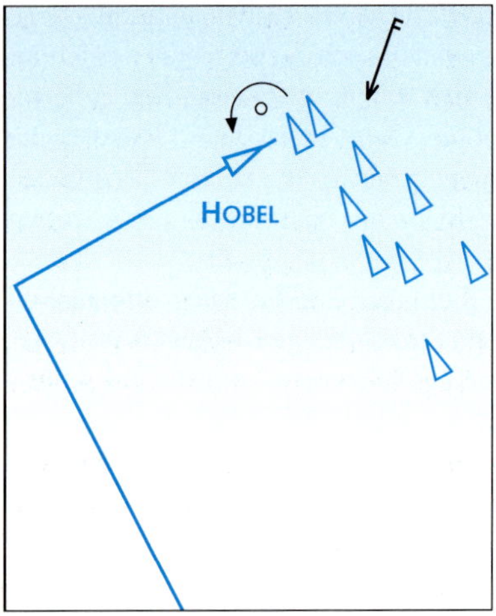

Abb. 57: HOBEL ist nach dem Start weit links heraus gesegelt und nähert sich der Luvtonne auf Steuerbord-Bug. Alle Konkurrenten in Tonnennähe segeln auf Backbord-Bug. HOBEL muss sie passieren lassen.

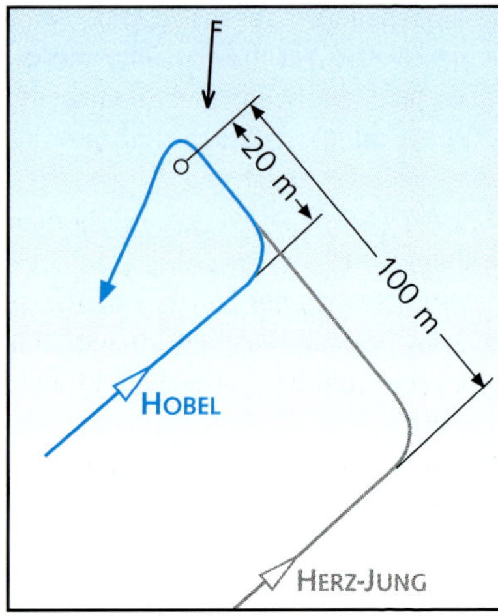

Abb. 58: Ansteuern einer Luvtonne mit anschließendem Spinnaker-Kurs. HOBEL wendet 20 m vor der Luvtonne. Die Crew hat kaum noch Zeit, das Spinnakergeschirr vorzubereiten. Der Rudergänger von HERZ-JUNG lässt seiner Crew 100 m (in unserem Beispiel) Zeit für die Spi-Vorbereitungen.

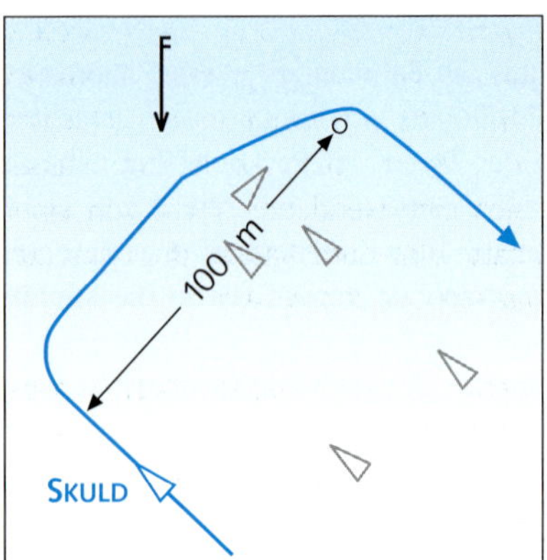

Abb. 59: SKULD segelt so viel Reservehöhe heraus, dass sie die Luvtonne auf Steuerbord-Bug sicher anliegen und den Spi vorbereiten kann. Die auf Backbord-Bug liegenden Konkurrenten mit Wegerecht werden SKULD unterwenden und somit nicht bei den Spi-Vorbereitungen stören, sie beispielsweise zum Wenden zwingen.

1. Zwei Yachten, auf gleichem Bug segelnd, nähern sich einer Luv-Bahnmarke. Segelt die führende außen liegende Yacht in den Zweilängenkreis hinein (gedachte Kreisfläche um die Bahnmarke herum, deren Radius von der Bootslänge des ihr am nächsten liegenden Bootes bestimmt wird) und hat die innen liegende Yacht zu diesem Zeitpunkt keine Überlappung hergestellt, muss sich Lie freihalten (siehe Abb. 60). Wurde allerdings vorher eine Überlappung erreicht, dann muss sich Ariel freihalten. Achtung! Lie ist als innenliegende Yacht für das rechtzeitige Erreichen der (behaupteten) Innenüberlappung beweispflichtig. Bei Aussage gegen Aussage hat Lie die schlechteren Karten und muss entweder einen 720-Grad-Strafkringel fahren oder fliegt bei einem Protest aus der Wertung.
2. Zwei Yachten nähern sich einer Luv-Bahnmarke auf unterschiedlichem Bug. Hierbei kommt es immer wieder vor, dass eine Yacht B, eine auf Backbord-Bug segelnde Yacht A im Zweilängenkreis unterwendet, um die Tonne an Backbord zu runden. B darf A hierbei so eng unterwenden, dass A zu einer Kursänderung bis in den Wind gezwungen werden kann; wichtig ist nur, dass A die Tonne sicher runden können muss. Verhungert A, treibt an die Tonne oder muss wenden, dann ist B im Unrecht.
   Achtung! Auf freiem Wasser darf B nicht so hart unterwenden. Die Wende von B muss derart erfolgen, dass A seinen Kurs beibehalten kann. A darf also nicht zur Kursänderung gezwungen werden (siehe Abb. 61).
3. Wieder nähern sich zwei Yachten auf entgegengesetztem Bug einer Luvtonne (siehe Abb. 62). Hobel auf Backbord-Bug hat Wegerecht gegenüber Rhabarber auf Steuerbord-Bug. Hobel hat die Tonne erreicht und wendet um diese herum. Hierbei fühlt sich Rhabarber behindert. Es gilt, wie auch auf freiem Wasser ohne Vorhandensein einer Tonne, dass sich eine wendende Yacht von einer nichtwendenden freihalten muss. Hobel hätte also durchhalten, Rhabarber am Heck passieren lassen müssen und erst danach wenden dürfen.

An einer Bahnmarke (Raumtonne), um die herum gehalst werden muss, geht es, besonders bei viel Wind, immer spannend zu. Denn hier ist hohe Manöverkunst zu sehen. Oder auch nicht. Deshalb einige Tipps zum taktischen Verhalten und zu den Wegerechtsregeln. Eine besonders sportliche Halse bei frischerem Wind erfordert eine sehr gut eingespielte Crew. Sie kann es sich leisten, den in der

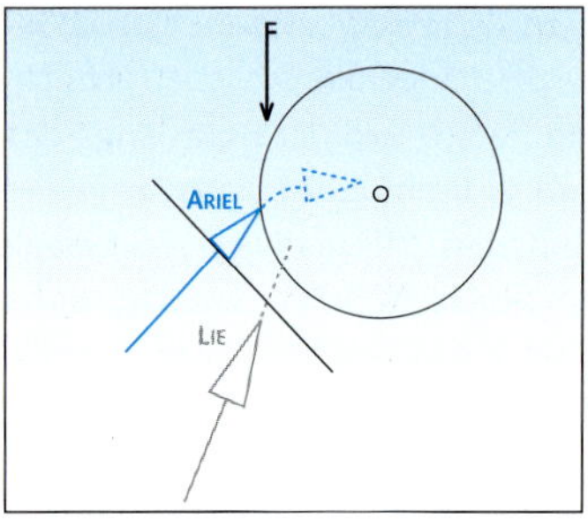

Abb. 60: Ariel und Lie nähern sich der Luvtonne. Als Ariel den gedachten Zweilängen-Kreis erreicht, hat Lie noch keine Überlappung hergestellt. Ariel darf auf die Tonne abfallen. Lie hat als Leeyacht kein Luvrecht mehr, sollte kurz darauf eine Überlappung hergestellt werden. Hätte Lie aber rechtzeitig eine Überlappung erreicht, hätte Ariel sich freihalten müssen.

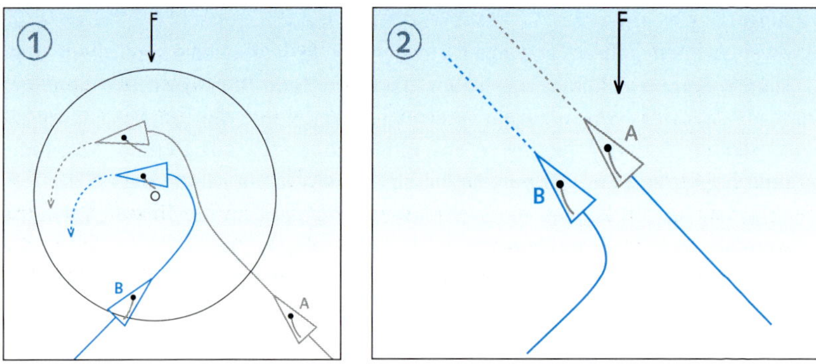

Abb. 61: Unterwenden

1 Im Zweilängen-Kreis: B darf A so hart unterwenden, dass A zu einer Kursänderung bis in den Wind gezwungen werden kann. A muss jedoch die Tonne sicher umrunden können.

2 Auf freiem Wasser: B darf A nur derart unterwenden, dass A seinen Kurs ungehindert beibehalten kann.

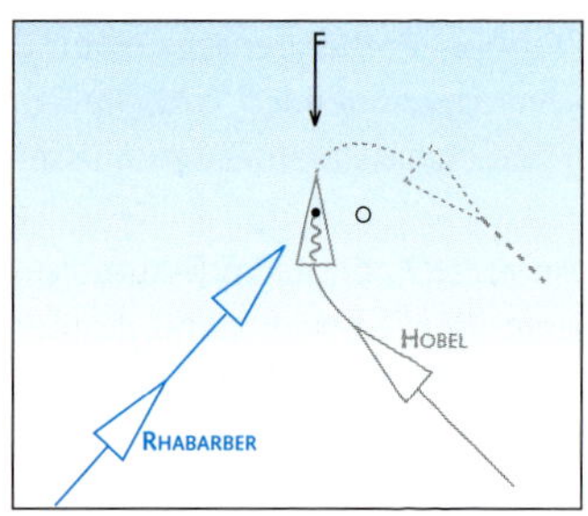

Abb. 62: Hobel, auf Backbord-Bug, hat gegenüber Rhabarber Wegerecht, wendet aber im Manöverbereich von Rhabarber, die sich hierdurch behindert fühlt. Hobel macht sich in diesem Fall schuldig, da sie sich als wendende Yacht gegenüber einer nicht wendenden freihalten muss.

Abb. 63 gezeigten »Kurs 1« zu segeln. Diese Yacht fährt kaum eine Wegstrecke direkt vor dem Wind, die Halse wird annähernd von »raum« nach »raum« gesteuert. Da muss jeder Handgriff nicht nur sicher sitzen, er muss auch besonders schnell durchgeführt werden. Das ist nur etwas für Spezialisten.
Beim »Kurs 2« wird etwas langfristiger ein Vormwind-Kurs gesegelt, die Crew hat mehr Zeit, die Halse durchzuführen. Eine etwas ungeübtere oder unterbesetzte Crew sollte den »Kurs 3« steuern. Hierbei wird ein längerer Weg vor dem Wind gefahren, die Sicherheit, dass es kein Chaos in der Halse gibt, ist somit am größten. Und somit gelingt dieser Crew möglicherweise die schnellste Reise um die Tonne. Denn wer weiß, vielleicht sind die anderen beiden Boote ein zu hohes Risiko eingegangen und liegen flach und mit killenden Segeln auf dem Wasser.
Auch an einer raum zu umrundenden Tonne gilt wieder der Zweilängenkreis. Eine innenliegende Yacht hat, wenn nicht rechtzeitig eine Überlappung zur außenliegenden hergestellt wurde, *kein* Wegerecht an der Tonne. Es gilt *nicht* »Lee vor Luv« (siehe Abb. 64).
Anders stellt sich die Situation in Abb. 65 dar: Hobel, Plaisir und Desy nähern sich der Bahnmarke. Hobel erreicht als Außenlieger den (gedachten) Zweilängenkreis, Plaisir überlappt mit Hobel, Desy wiederum überlappt mit Blues. Im Sinne der Wettfahrtregeln überlappen somit auch Hobel und Desy. Desy liegt demnach innen und hat gegenüber den beiden anderen Yachten Wegerecht zum Runden der Tonne. Hobel muss sich als Außenlieger von Plaisir freihalten.
Geht es nach einem Spinnakerkurs an einer leewärtigen Bahnmarke wieder an die Kreuz, lassen sich hier einige Meter Höhe gewinnen, wenn die Tonne sehr nah auf einem Amwind-Kurs passiert wird, Abb. 66 zeigt wie es richtig oder falsch gemacht wird. Der Radius des Umrundens muss dem Drehverhalten des Bootes und der Arbeitsgeschwindigkeit der Crew angepasst werden. In vielen Fällen wird entweder der in der Skizze als »falsch« bezeichnete Kurs gefahren oder es wird die Tonne in einem zu engen Radius gerundet, sodass die Segel zum anschließenden Amwind-Kurs nicht schnell genug dichtgeholt werden können.
Bei einem Kurs, der von einer Luv-Bahnmarke annähernd platt vorm Laken zu einer Lee-Bahnmarke führt, gibt es zwei Überlegungen hinsichtlich der Kurstaktik. Zunächst wäre ein direkter Vormwind-Kurs ohnehin unvorteilhaft (siehe Kapitel »Spinnakern«). In Abb. 67 sind zwei mögliche Kurse zu sehen.

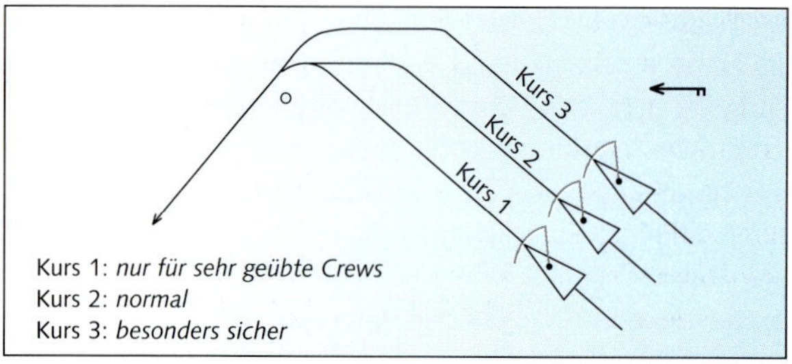

Abb. 63: Runden einer Raum-Bahnmarke.

Abb. 64: Umrunden einer Raum-Bahnmarke: Alle drei Yachten überlappen nicht. Sie dürfen sich beim Umrunden der Tonne nicht gegenseitig behindern.

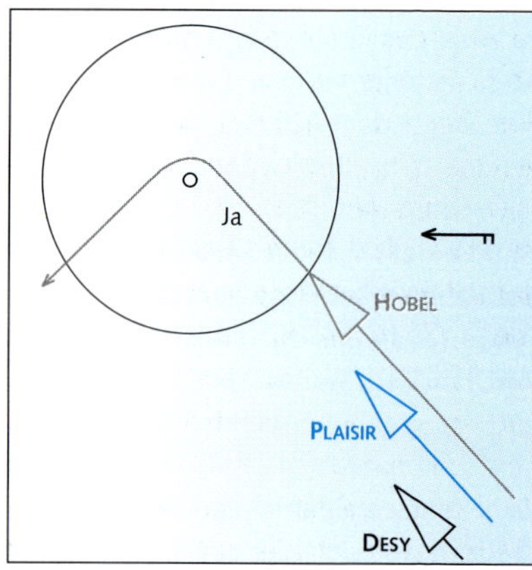

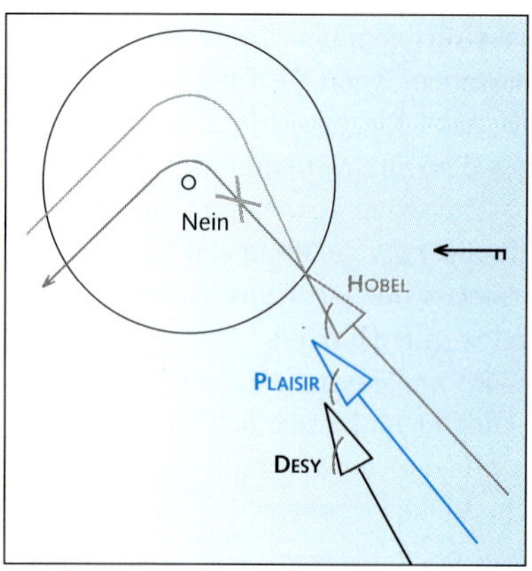

Abb. 65: DESY überlappt mit PLAISIR und PLAISIR mit HOBEL. Nach den Wettfahrtregeln überlappen somit auch DESY und HOBEL. Also muss sich HOBEL von PLAISIR und PLAISIR von DESY frei halten. Entscheidend sind die Positionen der Yachten zueinander, wenn die führende Yacht (HOBEL) den Zweilängen-Kreis erreicht. Positionsverschiebungen vorher oder danach sind uninteressant.

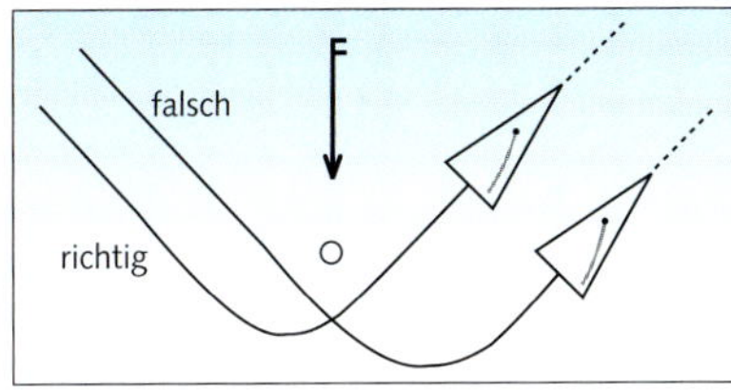

Abb. 66: Umrunden einer Lee-Bahnmarke.

Kurs 1 hat den Vorteil, dass man an der Leetonne nicht zu halsen braucht, der Spinnaker kann also etwas länger stehen bleiben, der Spinnakerbaum lässt sich in Ruhe auf dem anschließenden Amwind-Kurs klarieren. Der Nachteil: Man gerät in die Außenlieger-Position und hat gegenüber innenliegenden Yachten kein Wegerecht. Dieser Kurs empfiehlt sich vor allem bei viel Wind, oder wenn das Feld der Boote weit auseinander gezogen ist und somit keine große Bootsansammlung an der Leetonne zu erwarten ist.

Kurs 2 hat den Vorteil, dass man an der Leetonne als Innenlieger Wegerecht gegenüber den außenliegenden Yachten hat, deshalb lohnt sich – taktisch gesehen – dieser Kurs bei einem dicht zusammenliegenden Feld von Booten. Der Nachteil ist, dass man an der Leetonne frühzeitiger den Spinnaker bergen und halsen muss. Dieses Manöver erfordert bei etwas mehr Wind einige Übung.

Gleichgültig, welchen Kurs man nun gewählt hat, eines ist bei Annäherung an die Leetonne wichtig: Die Segel müssen rechtzeitig, noch auf dem Spinnakergang, auf den neuen Trimm nach der Tonne eingestellt werden. Geht es auf einen Kreuzkurs, dann hilft nach der Tonnenumrundung wieder der prüfende Blick auf den Kompass um festzustellen, welcher Bug der günstigere ist.

Die Wettfahrtregeln an einer solchen Leetonne sind abweichend von denen an einer Luvtonne.

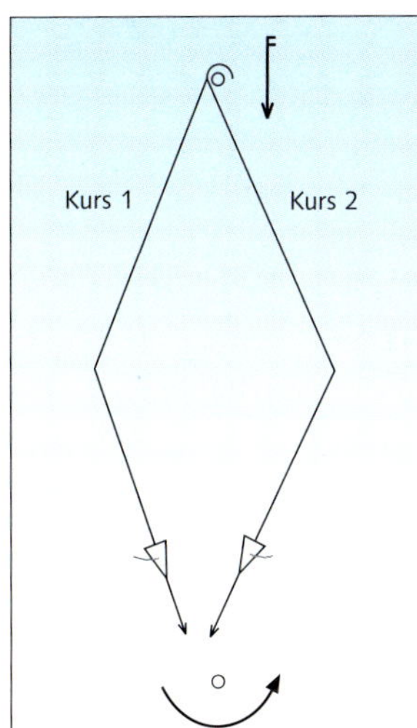

Abb. 67: Kurswahl vor dem Wind. Kurs 1 hat den Vorteil, dass das Spi-Bergen an der Leetonne unkompliziert ist, aber man liegt in Außenposition. Kurs 2 bietet die Innenposition, jedoch gestaltet sich das Spi-Bergen komplizierter, da anschließend gehalst werden muss.

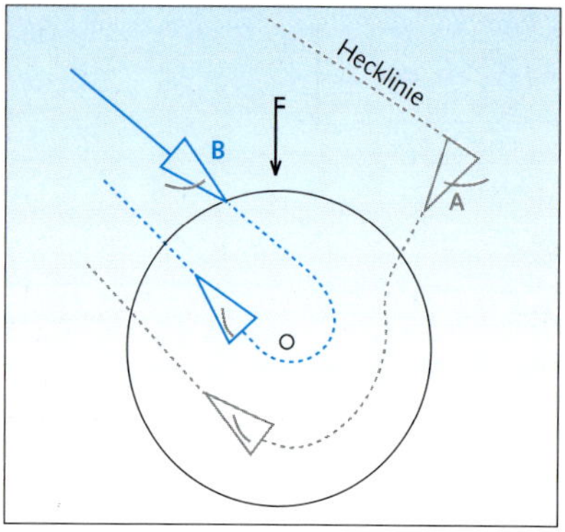

Abb. 68: *B hat gegenüber A eine (Innen-) Überlappung hergestellt indem sich B vor der Hecklinien-Verlängerung von A befindet. Obwohl auf Steuerbord-Bug segelnd, hat B als innenliegende Yacht beim Umrunden der Tonne Wegerecht.*

Es muss die Besonderheit beachtet werden, dass hier »Innenposition vor Außenposition« gilt, *nicht »Backbord-Bug vor Steuerbord-Bug«*! Abb. 68 soll diese Regel verdeutlichen. Zwei Yachten nähern sich mit entgegengesetzter Segelstellung einer Leetonne. Yacht B auf Steuerbord-Bug hat klare Innenposition zu Yacht A. (Die Innenposition wird dadurch gekennzeichnet, dass sich B vorlich der verlängerten Hecklinie von A befindet.) Obwohl A auf Backbord-Bug angesegelt kommt, hat diese Yacht an der Tonne *kein Wegerecht*.

Auch eine Ziellinie hat ihre bevorteilte Seite. Das ist diejenige, zu der der Weg von Lee näher ist. Besonders bei einer längeren schief zur Windrichtung ausgelegten Linie lässt sich Zeit gutmachen. Je flauer, desto mehr. Trifft der Wind schräg von rechts auf die Linie, dann ist das linke Ende der Linie bevorteilt. Analoges gilt für schräg von links einfallenden Wind. Im Prinzip ist es wie bei einer Startlinie. Nur umgekehrt. Der Wind-Auftreffwinkel auf die Ziellinie lässt sich am Auswehen der blauen Zielflagge oder der Flagge auf der Zieltonne einigermaßen genau feststellen.

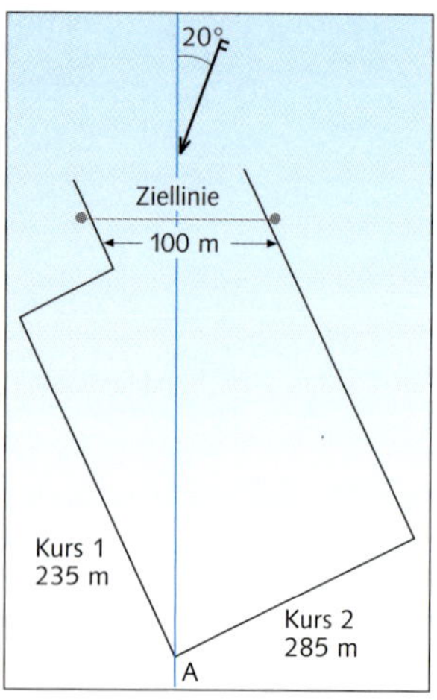

Abb. 69: Zwei Yachten kreuzen in A gegen die Ziellinie auf. Entfernung (in diesem Beispiel) etwa 195 m. Der Wind trifft ungefähr 20° von rechts auf die 100 m lange Linie. Daraus ergibt sich (zeichnerisch), dass Kurs 1 rund 50 m kürzer ist. Sie können unter Flautenbedingungen zu vielen Minuten werden.

Nähert man sich also einer Ziellinie, gilt es rechtzeitig zu prüfen, an welchem Ende ein Vorteil ersegelt werden kann. Merkregel: *Man sollte eine Amwind-Ziellinie an derjenigen Seite queren, an der man nicht starten würde* (siehe Abb. 69). Abschließend noch ein Tipp aus der Praxis. Manchmal kommt es vor, dass die Zielrichter falsche Zieldurchgangs-Zeiten notieren oder beim Ausrechnen Schreibfehler entstehen. Vielleicht wurde auch nur die Segelnummer nicht erkannt oder verwechselt. Deshalb sollte man die eigene Zieldurchgangs-Zeit festhalten, möglichst auch noch die Namen/Segelnummern der vor und hinter dem eigenen Boot platzierten Yachten. Besonders bei Vor-dem-Wind-Zieldurchgängen ist es für die Zielrichter schwer, Segelnummern zu identifizieren. Das Beste: Man holt das Großsegel dabei kurzfristig dichter.

Taktisches Verhalten

Wer vorne liegt, muss verteidigen – Verfolger müssen angreifen – Verhalten bei Winddrehern – Fallbeispiele

Das richtige taktische Verhalten auf einer Wettfahrt heißt: intelligent segeln. Das Rezept ist einfach: Aufmerksam beobachten, nachdenken und den richtigen Schluss daraus ziehen. Im Folgenden sollen ein paar typische Situationen dargestellt und kommentiert werden. Sie sind nicht reviergebunden, sie können auf dem Chiemsee genauso passieren wie auf der Ostsee oder dem IJsselmeer.
Grundsätzlich gilt:

1. Wer vorn liegt, muss die Konkurrenten decken, er darf nichts wesentlich anderes machen.

Das bedeutet: Ich muss mich als führendes Boot stets zwischen den Verfolgern und dem nächsten Ziel aufhalten. Auch wäre es taktisch falsch, vor dem Feld liegend, bei sechs Windstärken den Spinnaker zu ziehen, während die Verfolger diesen in der Kajüte schonen. Kein unnötiges Risiko eingehen!
Reziprokes gilt für die hinten Liegenden. Diese müssen angreifen. Das bedeutet: Wer den gleichen Weg hinterher fährt, wird kaum näher kommen. Also muss das Gegenteil unternommen werden. Setzt das führende Boot keinen Spinnaker, müssen die Verfolger das Risiko bei Windstärke 6 eingehen und ihn hochholen. Ansonsten bleibt die Platzierung wohl annähernd konstant.
Bei Einheitsbooten oder Yachten mit identischer Yardstick-Zahl ist leicht zu erkennen, wer vorn und wer hinten liegt. Bei unterschiedlichem Yardstick-Wert müssen die Positionen nach berechneter Zeit geschätzt werden oder können durch Stoppen der Zeiten bei Tonnenumrundungen gerechnet werden.
In Abb. 70 kreuzt das Feld einer Luv-Bahnmarke entgegen, Hobel führt (noch) und wendet vom Feld weg. Das ist taktisch falsch. Denn möglicherweise kommt bald ein kleiner Rechtsdreher. Dann kann das Feld auf Backbord-Bug höher se-

geln, für HOBEL kommt der Rechtsdreher ungünstiger. Ergebnis: HOBEL ist das unnötige Risiko eingegangen, die führende Position zu verlieren, anstatt diese zu verteidigen.

In Abb. 71 segelt HOBEL hinter dem Feld auf gleichem Bug her. So wird HOBEL die vor ihm liegenden Gegner niemals einholen. HOBEL muss als letztes Boot wenden und sein Glück darin suchen, dass der Wind etwas links dreht. Danach könnte er auf Steuerbord-Bug dem Feld näher kommen.

In der Abb. 72 geht TINA als führende Yacht vor GELI um die Luvtonne. Danach geht es zur Leetonne, direkt vor dem Wind, sodass sich ein Kreuzkurs anbietet. TINA fällt an der Tonne nur ab und segelt zunächst auf Backbord-Bug. GELI greift – taktisch richtig – an, halst um die Tonne und fährt auf Steuerbord-Bug der Leetonne entgegen, denn hinterherfahren würde kaum eine Annäherung bringen. Möglicherweise findet GELI auf dieser Seite mehr Wind. TINA sieht diesen Angriff und halst – taktisch richtig – hinterher. Jetzt fahren beide Yachten parallel zueinander, unter annähernd gleichen Windbedingungen und somit auch gleich schnell. TINA hält sich konsequent zwischen Verfolger und dem nächsten Ziel, der Leetonne. Beide Yachten haben die Grundsätze richtiger Taktik berücksichtigt. Jetzt müsste GELI durch Halsen wieder angreifen. Und so weiter.

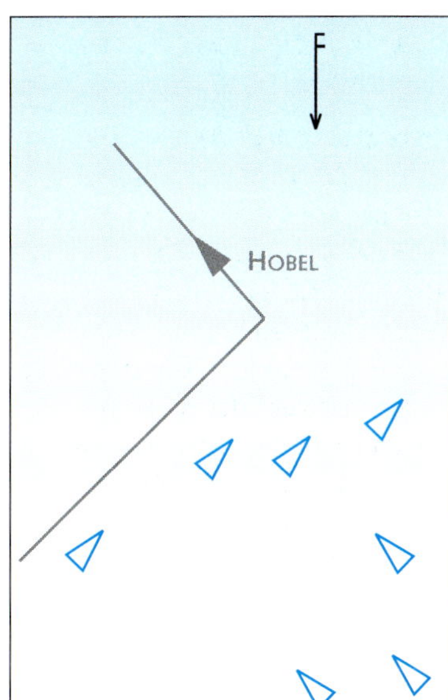

Abb. 70: HOBEL, als führendes Boot, wendet weg vom Feld anstatt das Feld zu kontrollieren, indem es sich zwischen dem nächsten Ziel (Luvtonne) und den Verfolgern hält.

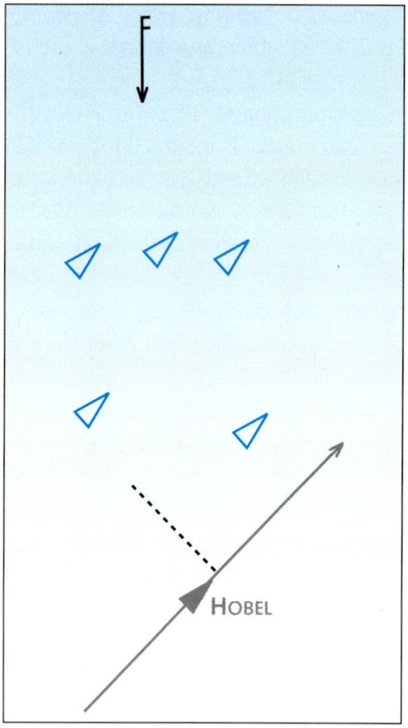

Abb. 71: Hobel fährt auf Steuerbord-Bug dem Feld hinterher. Als Letzter muss man angreifen. Richtige Taktik wäre eine Wende auf Backbord-Bug.

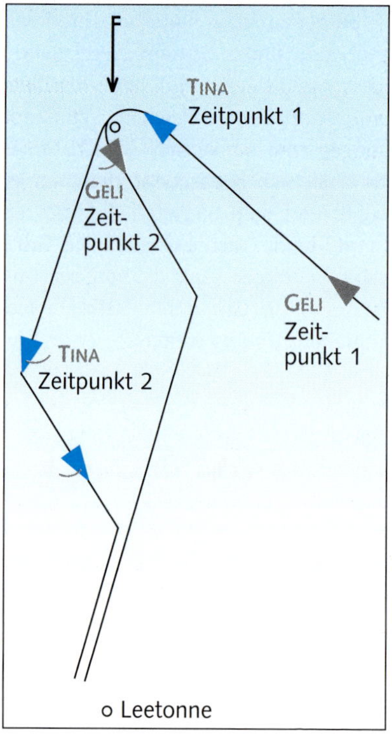

Abb. 72: Tina rundet die Tonne zum Zeitpunkt 1. Geli liegt zum Zeitpunkt 1 zurück. Geli halst zum Zeitpunkt 2 auf Steuerbord-Bug, um anzugreifen. Tina sieht zum Zeitpunkt 2 diese Halse und halst ebenfalls auf Steuerbord-Bug, nach dem Motto: Halte dich stets zwischen Gegner und dem nächsten Ziel (Leetonne).

In Abb. 73 wird nochmals deutlich gemacht, was es heißt: »Halte dich als führende Yacht stets zwischen den Verfolgern und dem nächsten Ziel.« Die Boote kreuzen nach dem Start zur Luvtonne. Es weht mit sechs Beaufort, das Wellenbild ist in Inselnähe ruhig, in größerem Abstand recht ruppig. HOBEL als führendes Boot wendet zur Insel hin, um dort bei ablandigem Wind in ruhigerem Wasser schneller voran zu kommen. Das Feld segelt rechts heraus. Nach einiger Zeit dreht der Wind zehn Grad nach rechts. Das Feld kann durch diesen Dreher auf Backbord-Bug höher ran und liegt an der Tonne vor HOBEL, die besonders schlau sein wollte, aber einen taktischen Grundsatz missachtete.

2. Auf einem Kreuzkurs halte man sich bei rechtsdrehendem Wind auf der rechten Seite der Bahn. Entsprechend bei linksdrehendem Wind auf der linken Seite.«

Abb. 74 soll diese Aussage verdeutlichen. Zwei Yachten kreuzen einer Luvtonne entgegen, HOBEL fährt links, HEADHUNTER rechts heraus. Als etwa die Hälfte der Strecke zurückgelegt wurde, kommt ein 15-Grad-Rechtsdreher. HEADHUNTER wendet sofort und kann die Tonne fast anliegen. HOBEL kann jetzt zwar 15 Grad höher auf Backbord-Bug segeln, läuft aber nach der Wende einen um 15 Grad schlechteren Kurs zur Tonne und verliert 0,45 Seemeilen gegenüber HEADHUNTER.

Winddrehungen können aus dem Wetterbericht direkt oder auch indirekt erfahren werden. Dazu einige Bemerkungen zu typischen Großwetterlage-Winddrehern. Nordeuropa liegt in einer atlantischen Westwinddrift. Hierbei ergeben sich zwei ganz typische Richtungsänderungen um die Standardrichtung »West« herum. Der Westwind wird von Tiefdruckgebieten beeinflusst, die meist weit im Norden von West nach Ost durchziehen. Naht ein Tief, dreht der wind etwas südlich, beispielsweise auf Südwest, das entspricht einer Linksdrehung. Ist das Tief durchgezogen - es hört auf zu regnen, klart auf und wird kühler -, dreht der Wind in Richtung Nordwest; also eine Rechtsdrehung. Diese typischen Winddrehungen können gemäß dem Merksatz »Linksdrehend nach links, rechtsdrehend nach rechts heraus« genutzt werden.

In Abb. 75 kreuzt das Feld einer Luvtonne entgegen. SPEEDY bekommt eine Bö und läuft deutlich schneller als alle anderen Yachten. Wie soll sich ADLERAUGE verhalten? Antwort: Weiterfahren, zur Bö hin. Ist die Bö erreicht, dann sollte wahrscheinlich gewendet werden.

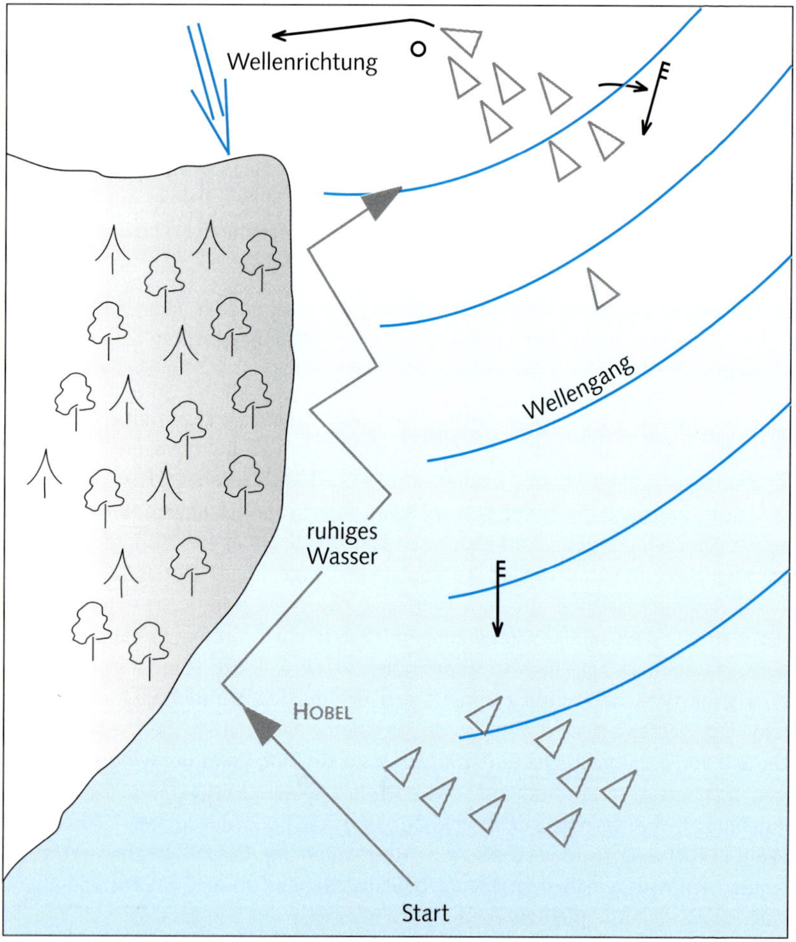

Abb. 73: HOBEL sucht das ruhige Wasser unter Land. Das gesamte Feld fährt auf Steuerbord-Bug rechts heraus. Nach ca. halber Strecke zur Luvtonne dreht der Wind um ca. 10° nach rechts. Das Feld nutzt den Dreher indem es auf Backbord-Bug höher segeln kann. HOBEL muss auf Steuerbord-Bug segelnd um 10° abfallen und gerät ins Hintertreffen.

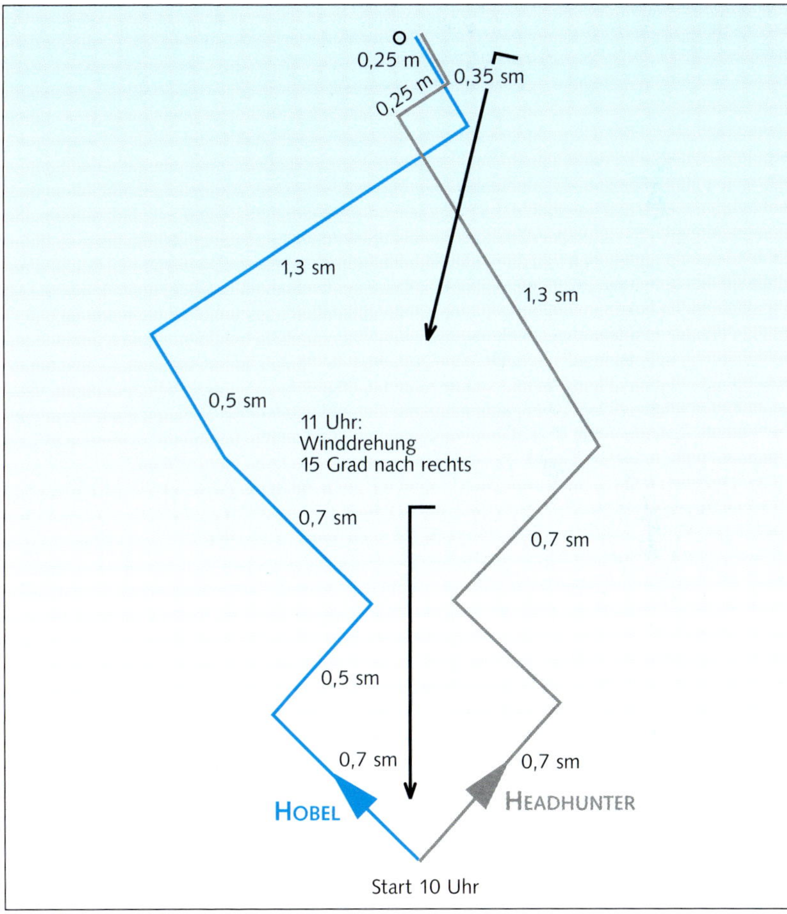

Abb. 74: Der Wetterbericht sagt rechtsdrehende Winde voraus. HOBEL fährt jedoch nach links. Gegen 11.00 Uhr dreht der Wind um 15°. HEADHUNTER, auf Steuerbord-Bug, wendet sofort und kann jetzt 15° höher segeln, HOBEL muss auf Steuerbord-Bug um 15° abfallen. HEADHUNTER hat an der Luvtonne einen Vorsprung von 0,45 sm herausgesegelt.

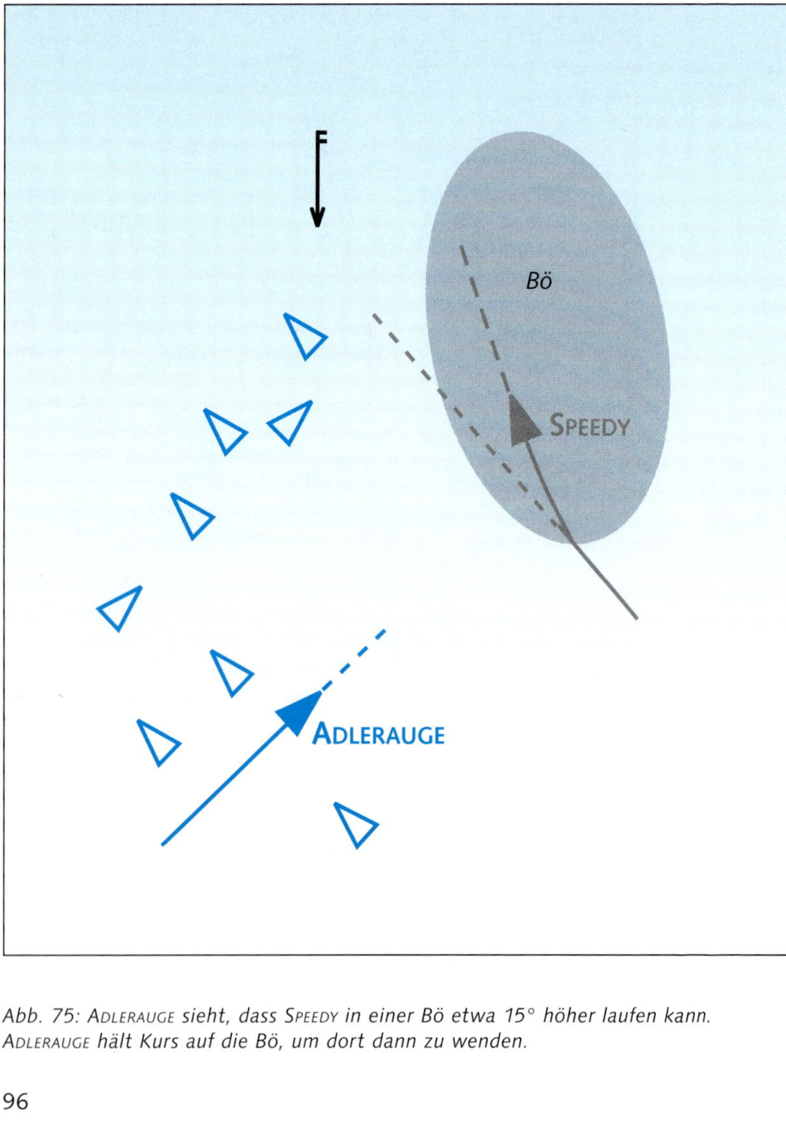

Abb. 75: ADLERAUGE sieht, dass SPEEDY in einer Bö etwa 15° höher laufen kann. ADLERAUGE hält Kurs auf die Bö, um dort dann zu wenden.

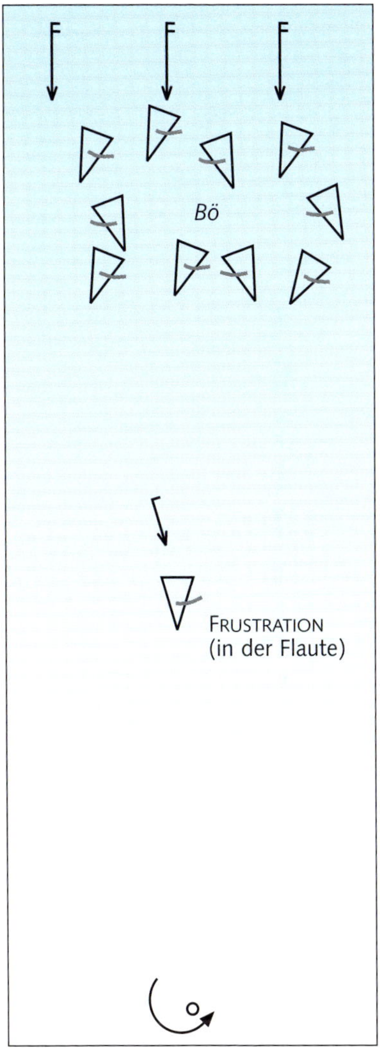

Abb. 76 zeigt ein Feld von Verfolgern hinter FRUSTRATION. Diese Yachten bekommen eine Bö, während FRUSTRATION in der Flaute liegt. Da kann das führende Boot nur die Ruhe bewahren, ansonsten gibt es keine Verteidigungstaktik. Möglicherweise könnte FRUSTRATION durch eine Halse versuchen, an der Tonne Innenposition zu erreichen, um noch ein paar Plätze zu retten.

Auch in Abb. 77 läuft das Feld vor dem Wind. Vier Yachten bekommen eine Bö. KALM kann durch eine sofortige Halse zur Bö hin reagieren. Täte KALM dieses nicht, dann würde die Bö wahrscheinlich in Lee vorbeihuschen, ohne dass KALM von ihr profitieren könnte.

In der Abb. 78 kreuzen zwei Yachten bei sehr leichtem Wind von achtern einer Leetonne entgegen. Die Flaggen auf der Uferpromenade signalisieren – im Vergleich zur Windrichtung von 180 Grad auf dem See – eine Rechtsdrehung um etwa 30 Grad. Da es unter diesen Windbedingungen vorteilhaft ist, raumer zu laufen, nutzt DESYDERATA diesen Dreher und kann nach der Halse raumschots viel an Boden gutmachen. Wäh-

Abb. 76: Das Feld der Verfolger kommt mit rauschender Fahrt auf. FRUSTRATION im Flautenloch kann nichts zur Verteidigung tun, sondern nur auf die Bö warten.

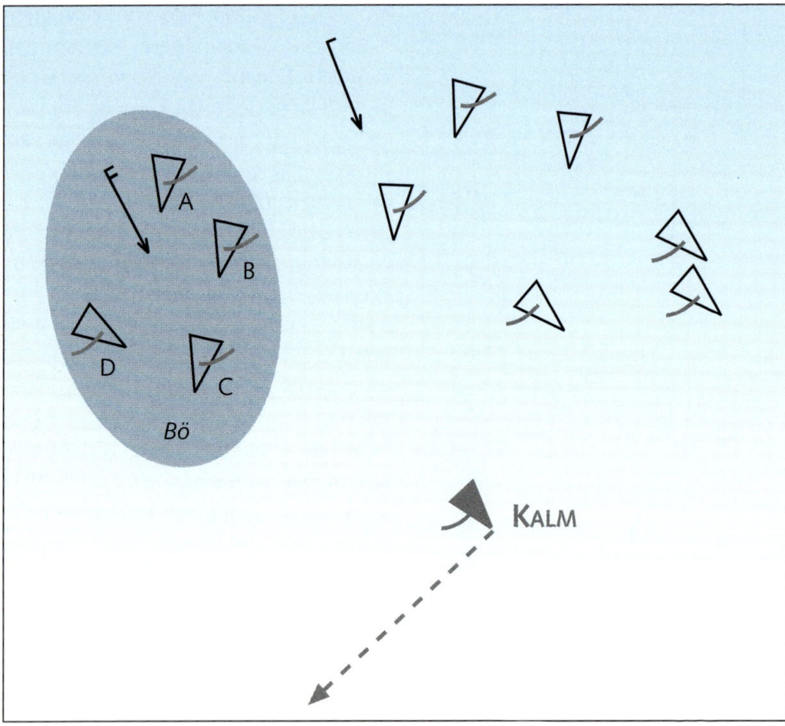

Abb. 77: Die Yachten A, B, C, D erreicht eine Bö. KALM muss sofort halsen, sonst würde die Bö möglicherweise in Lee durchlaufen, ohne dass KALM davon profitierte.

Abb. 78 (rechte Seite): DESIDERATA nutzt den Winddreher unter Land und läuft auf beiden Bugen raumer und somit schneller als HOBEL.

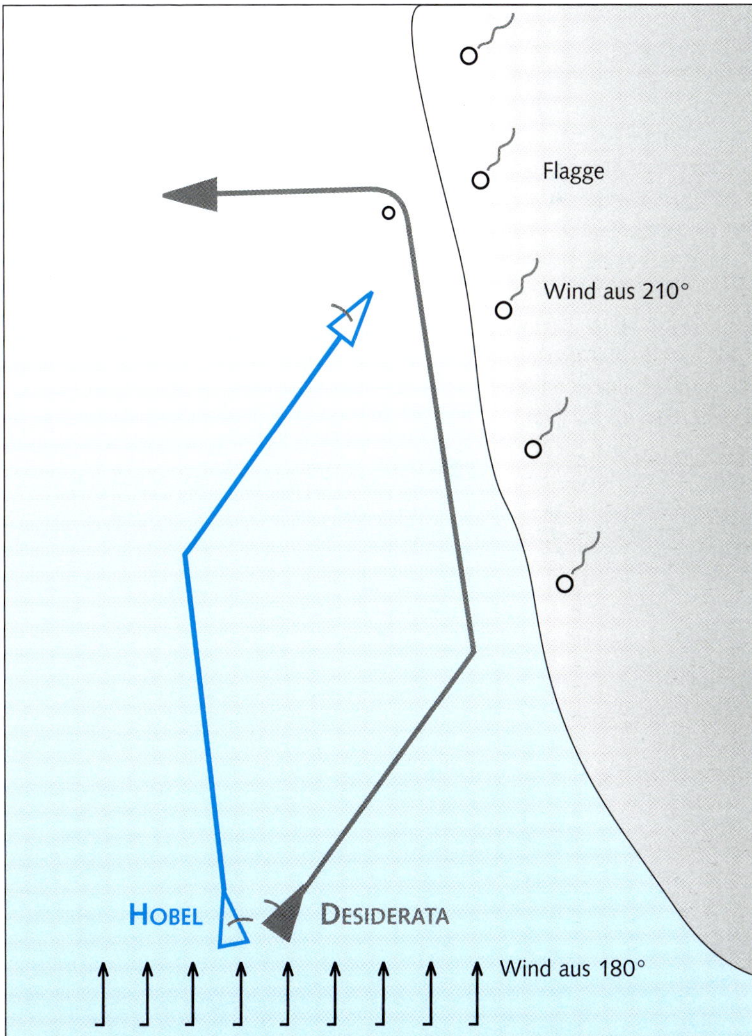
Flagge
Wind aus 210°
HOBEL
DESIDERATA
Wind aus 180°

rend Hobel nach der Halse zunehmend achterlicher wehenden Wind antrifft und langsamer segelt.

Abb. 79 zeigt mehrere Yachten, die zu einer Luvtonne kreuzen. Von der Luvtonne kommt die Nissen, der Spinnakerbaum ist weit vorgeschiftet. Demnach ist die Windrichtung bei der unter Spinnaker laufenden Yacht eine andere als bei Clever. Bei der Nissen kommt ein Linksdreher. Clever verzichtet gegenüber den ausweichpflichtigen Yachten A und B auf das Wegerecht und fährt dem neuen Wind bei der Nissen entgegen. Sowie Clever diesen erreicht hat, kann sie auf Steuerbord-Bug besonders hoch laufen und möglicherweise die Luvtonne als Erste erreichen.

In der Abb. 80 sieht Sherry, dass Blues deutlich höher laufen kann als alle anderen auf Backbord-Bug segelnden Yachten. Für Sherry ist es jetzt wichtig, dem »neuen« Wind – Blues hat diesen schon – entgegenzulaufen. Also wird Sherry auf keinen Fall wenden, um den Rechtsdreher bei Blues so schnell wie möglich zu erreichen.

In Abb. 81 müssen Desy und Melody, auf Steuerbord-Bug segelnd, abfallen. Blues sieht dieses und zieht den richtigen Schluss, dass die beiden Yachten einen Rechtsdreher bekommen haben. Daraufhin wendet Blues, segelt so lange auf Steuerbord-Bug, bis der Dreher kommt und wendet dann, um die bessere Höhe auf Backbord-Bug mitnehmen zu können.

Abb. 79 (rechte Seite): Clever sieht den weit vorgeschifteten Spibaum auf der Nissen und verzichtet auf das Wegerecht gegenüber A und B, um den Dreher frühzeitiger nutzen zu können.

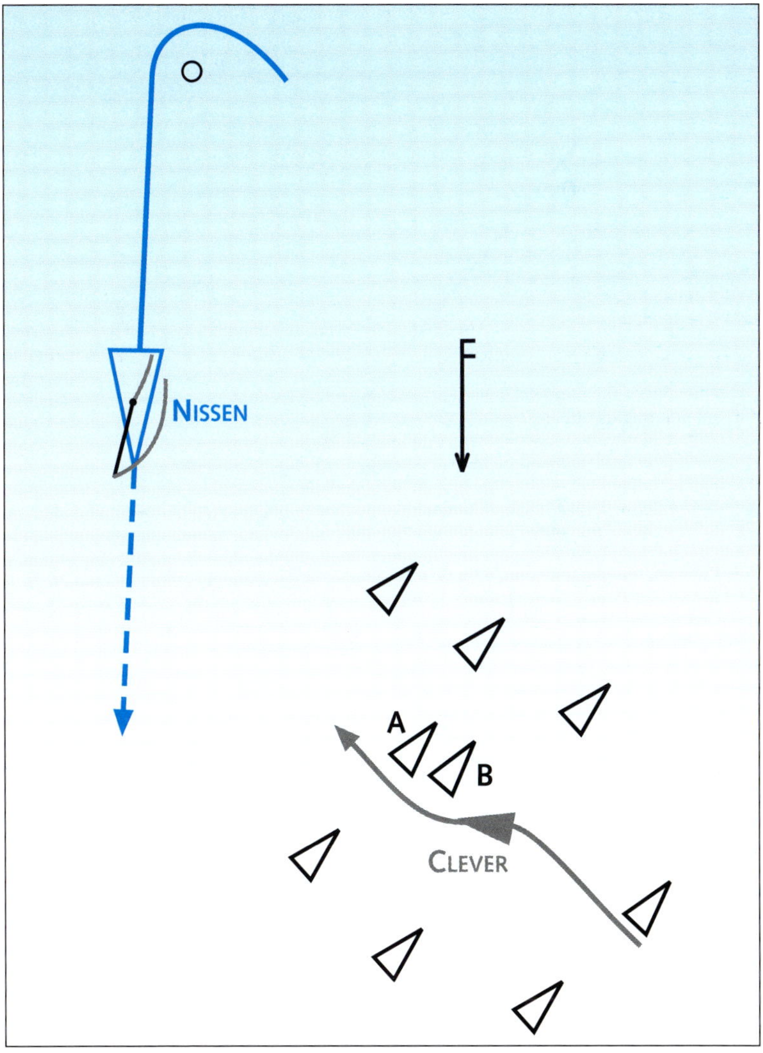
NISSEN
F
A
B
CLEVER

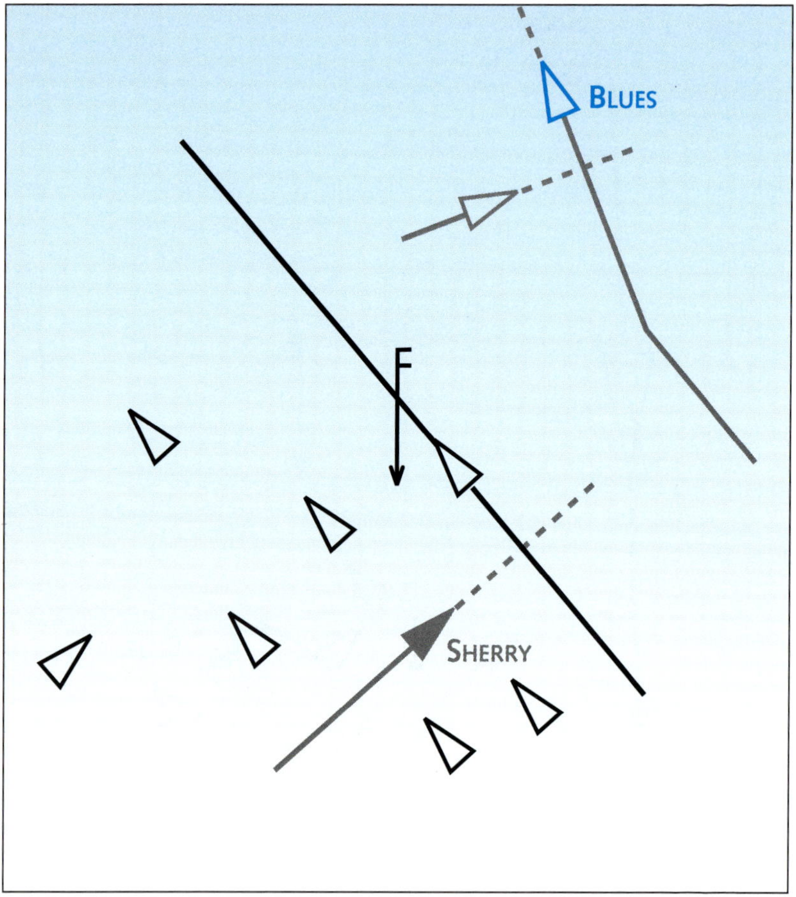

Abb. 80: SHERRY sieht, dass BLUES deutlich höher segelt als andere Boote auf Backbord-Bug und sollte dem Rechtsdreher auf Steuerbord-Bug entgegenlaufen.

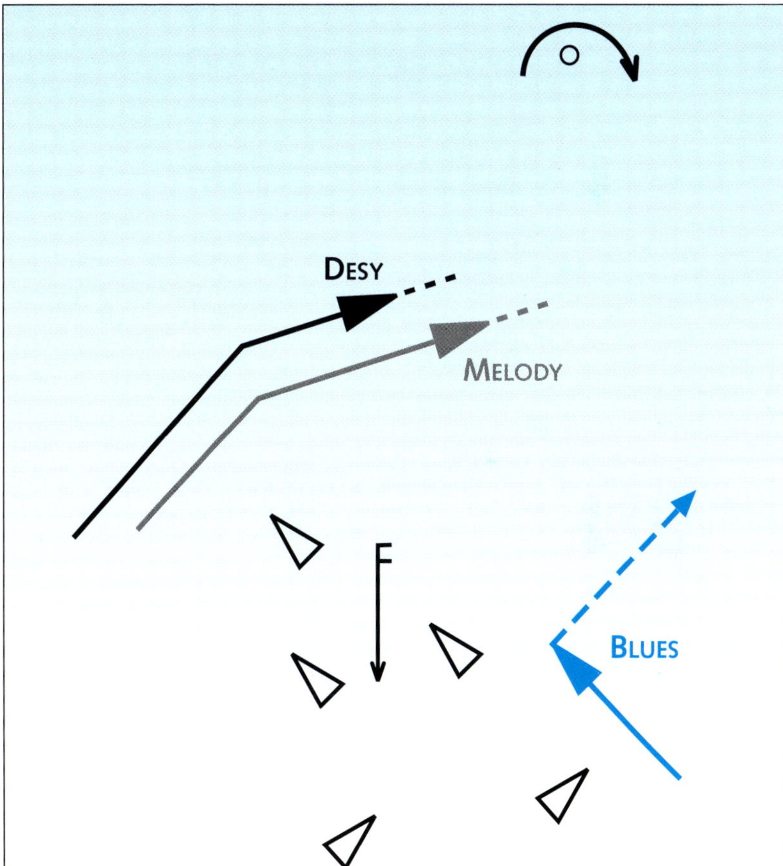

Abb. 81: DESY und MELODY, müssen abfallen. BLUES wendet und segelt dem vermuteten Rechtsdreher auf Stauerbord-Bug entgegen.

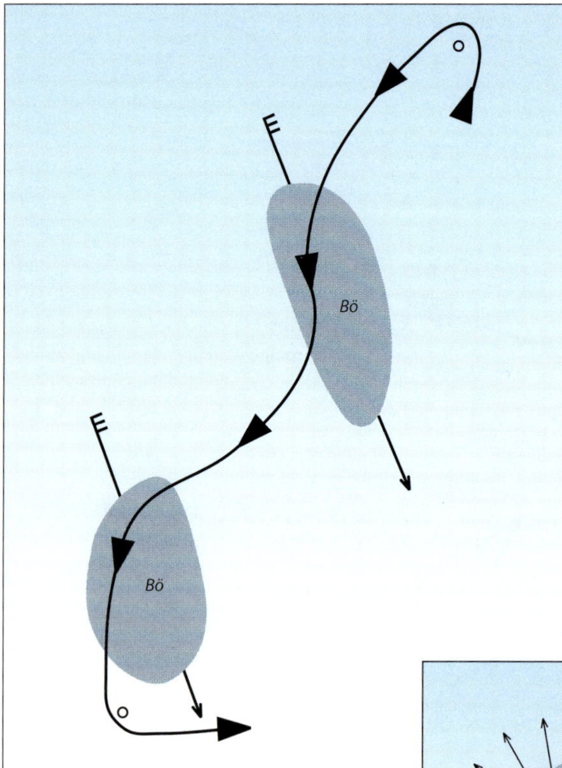

Abb. 82: Raumschots-Taktik: In den Böen abfallen, um sie länger nutzen zu können.

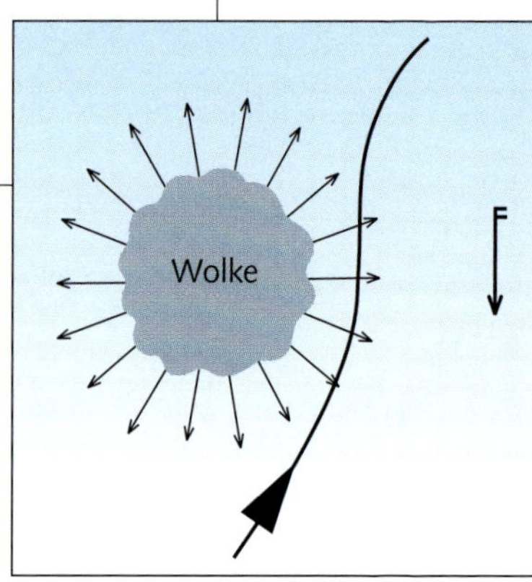

Abb. 83: Eine separate Cumuluswolke sollte in Luv gelassen werden.

Taktisches Verhalten bei Böen

Raumschots, bei böigem Wind, lohnt es sich gemäß Abb. 82 in Böenrichtung abzufallen. Es ist dadurch möglich, diese Böen länger auszunutzen. Lässt die Bö nach: luven bis die nächste Bö ankommt. Bei hartem Wetter wird eine solche Taktik der Crew möglicherweise gar aufgezwungen. Nämlich dann, wenn der Spinnaker in Böen nicht mehr zu tragen ist und das Boot aus dem Ruder zu laufen droht. Dann muss sehr schnell die Großschot vollständig gefiert und das Boot mehr vor den Wind gebracht werden.

Beim Eintreffen einer Amwind-Bö sollte man stets luven können. Wenn das nicht der Fall ist, sollte gewendet werden; allerdings nur dann, wenn Böenumfang – dunkle Wasserfläche in Luv oder voraus – und Wendeverhalten dieses sinnvoll erscheinen lassen. Sieht man eine solche Bö auf dem Wasser kommen, ist es also zweckmäßig, ihr so lange entgegenzufahren bis ihr Charakter klar zu erkennen ist. Muss abgefallen werden, macht es Sinn sofort zu wenden. Meistens lässt sich der

Abb. 84: Beide Boote liegen eng zusammen. Das in Luv liegende wird es kaum schaffen, das Lee-Boot zu überholen, weil dessen Windverhältnisse günstiger sind (»sichere Lee-Stellung«).

Abb. 85: Das führende Boot sollte kein Risiko eingehen. »777« könnte luven, bei »111« würde daraufhin er Spi einfallen und bremsen. »777« könnte in Lee vorbeiziehen.

Abb. 86: Vor der Bahnmarke: Überlappung oder nicht? Eine immer wiederkehrende Situation. Das vermeintlich innen liegende Boot muss die rechtzeitig hergestellte Überlappung beweisen.

Charakter der Bö auch an den vorn und in Luv liegenden anderen Booten erkennen.
Einzelne scharf abgegrenzte Cumuluswolken mit einer nahezu horizontalen Unterseite haben eine ganz typische Windrichtungs-Charakteristik, die auf einem Kreuzkurs vorteilhaft genutzt werden kann. Aus solchen Wolken weht der Wind, wie in Abb. 83 vereinfacht dargestellt, zentral nach außen hinaus. Es vermischen sich diese Windrichtungen vektoriell mit der der Großwetterlage. Das bedeutet: links der Wolke kommt ein Rechtsdreher, rechts der Wolke ein Linksdreher. *Fazit:* Diese Haufenwolke sollte stets an der Luvseite der Yacht passiert werden. Also entweder, wie skizziert, auf Steuerbord-Bug segelnd an der Backbordseite oder auf Backbord-Bug an der Steuerbordseite.

Langstreckenregatten und Nachtsegeln

Zusatzausrüstung – Wohlbefinden der Crew – Tauglichkeit von Pantry und Kojen

Langstreckenregatten, bei denen auch nachts gesegelt wird, haben ihren eigenen Reiz. Revierkenntnis und Bootsgeschwindigkeit bekommen eine größere Gewichtung als bei Tageswettfahrten. Auch sollte eine auf das Boot eingespielte Crew an Bord sein. Sonst muss beispielsweise die Beschriftung auf den Hebelklemmen nur mit einer Taschenlampe gesucht werden. Das kostet Zeit und verursacht unter Umständen ein Durcheinander, wenn bootsfremde Mitsegler in das Geschehen im Dunkeln eingreifen sollen.

Neben der üblichen Tagesregatten-Ausrüstung lohnt es sich, einige wenige Extras zusätzlich mitzunehmen: mindestens zwei Taschenlampen (mit Reservebatterien) zum Anleuchten der Windfäden in den Segeln, insbesondere der im Vorsegel. Die Helligkeit darf jedoch nicht zu stark sein, um den Rudergänger nicht zu blenden. Sollte der Kompass keine Beleuchtung haben, hilft ein einfacher Cyalume-Leuchtstab aus dem Anglerladen. Biegt man ihn, wird eine bis zu zwölf Stunden andauernde Leuchtwirkung erzielt. Mit Tesaband (Tape) am Kompass festgeklebt, lassen sich Kurs und auch Windschraler stets sicher erkennen.

Als Nacht-Rettungsmittel empfiehlt es sich, eine Blitz- oder Leuchtboje in Cockpitnähe zu lagern, um hiermit notfalls die Stelle eines Überbordgegangenen markieren zu können. Auf offenem Küsten- oder Seerevier muss diese Markierungsboje mit einer Stange und Topplicht versehen sein, um den Schwimmer auch bei Hartwetter und hohem Seegang wiederfinden zu können.

Während einer Langstreckenregatta ist die Wahrscheinlichkeit einer Wetteränderung recht groß. Deshalb sollte ein Radio oder Handy zum Abhören eines Wetterberichtes nicht vergessen werden. Außerdem können sich per Radio ein paar Takte nächtlicher Musik durchaus positiv auf die Moral der (müden) Crew auswirken. Ein in der Navigationsecke eingebautes Autoradio mit CD/Kassetten-Teil und einem Cockpit-Lautsprecher sind keine schlechte Idee.

Das Wohlbefinden der Crew ist wichtig, denn nur dann ist diese motiviert Höchstleistung zu bringen. Dazu gehört zunächst warme Bekleidung, denn in den frühen Morgenstunden kann der ohnehin durchgekühlten und müden Crew sonst schnell der Sieggedanke abhanden kommen. Sehr positiv die Stimmung beeinflussen können auch ein paar Thermosflaschen mit Brühe, Kaffee, Tee oder Kakao. Ein Lunchpaket bedeutet für viele das i-Tüpfelchen des Wohlbefindens.

Auch wenn möglicherweise die Yacht aus Gründen der Gewichtsreduzierung weitgehend leergeräumt wurde, so sorgen doch ein oder zwei Schlafsäcke für Entspannung unter oder auch an Deck. Nicht jeder Rudergänger kann über eine längere Zeit steuern. Deshalb sollte mindestens ein Crewmitglied ihn ablösen können. Und sei es auch nur auf den meistens etwas unkomplizierteren Raumschots- und Vormwind-Kursen.

Dauert eine Langstreckenregatta über mehrere Tage, sollte - vor allem auf Seerevieren - vorher geprüft werden, ob die Pantry auch bei schwerem Wetter zu ge-

Abb. 87: Ein solcher halbkardanischer Kocher lässt sich auch bei Krängung benutzen.

brauchen ist. Auf vielen Yachten liegt diese soweit in Richtung Vorschiff, dass auf Amwind-Kursen die Fahrstuhlbewegungen derart heftig sind, dass die Pantry deshalb nicht zu benutzen ist. Auch stellt sich nicht jeder halbkardanisch gelagerte Kocher auf die mögliche Schräglage des Bootes ein. Also muss die Küche kalt bleiben. Kaltverpflegung ist ausgerechnet dann angesagt, wenn eine heiße Speise zum Wohlbefinden der Crew am meisten beitragen kann.

Abb. 88: Verankerte Seezeichen eignen sich gut, Richtung und Stärke von Strom zu ermitteln, der die beste Taktik zunichte machen kann. Daher sollte der Kurs in freiem Seeraum möglichst direkt an einer oder mehreren Tonnen vorbeiführen. Das Bundesamt für Seeschifffahrt und Hydrographie (BSH) bietet zudem aktualiserte Strömungsvorausberechnungen für Nord- und Ostsee im Internet unter www.bsh.de.

Zu überlegen ist auf solchen Törns auch, ob die im Vierfarben-Prospekt der Werft so einladend aussehenden Kojen auch bei Hartwetter auf See zu gebrauchen sind. Die im Vorschiff sind dann aufgrund der besonders ausgeprägten Auf-und-ab-Bewegungen mit großer Wahrscheinlichkeit untauglich. Weitere Kojen sollten mit Kojensegeln (Leesegeln) ausgestattet sein, nur dann lässt es sich während des Schlafens in Luv austrimmen. Doppelkojen sind bei Schaukelbewegungen nach Back- und Steuerbord ebenfalls kaum zu gebrauchen, da man darin hin und her kugelt. Es sei denn, man füllt den Leerraum mit Segelsäcken aus.
Die meisten der auf Bootsausstellungen angebotenen Yachten verdienen nur die Bezeichnung »Daysailer«. Sie sind dafür konzipiert, dass in der Nacht im sicheren Hafen gelegen oder geschützt geankert wird.
Hinzu kommt, dass moderne Yachtkonstruktionen im vorderen Unterwasserschiffsbereich flach, meist trapezförmig gestaltet sind. Diese Rumpfform ist einem rundspantigen Vorschiff an Geschwindigkeit zwar überlegen, aber es schlägt am Wind ab etwa vier Beaufort hart auf die Wellen. Das stört, solange die Crew an Deck ist, niemanden. Jeder Tagessegler nimmt das zur Kenntnis und gewöhnt sich mehr oder weniger daran. Unter Deck allerdings verstärkt sich das knallartige Aufschlagen des Vorschiffes. An Schlaf ist kaum zu denken.
Auch das sind Dinge, die vor Abgabe einer Meldung zu einer Langstreckenregatta bedacht werden sollten.

Proteste und Protestabwicklung

Die Protestflagge – Verhalten nach einer Protestsituation – Gegner informieren, Zeugen suchen – Die Protestverhandlung – Recht haben und Recht bekommen – Berufungsverfahren

Nur selten kommt es bei regionalen Yardstick-Regatten zu Protesten. Man kennt und einigt sich direkt oder später auf individuelle Weise. Und doch kann es zweckmäßig sein, eine Protestflagge (Flagge »B« des internationalen Flaggenalphabets) an Bord zu haben. Das Setzen dieser roten Flagge »B« ist zwingend erforderlich, wenn protestiert werden soll. Ist eine Protestflagge vorhanden, kann es bei einem später gewonnenen Protest leichter sein, im Schadensfall seine finanziellen Forderungen gegenüber der gegnerischen Haftpflichtversicherung durchsetzen zu können. Der Skipper sollte sich in einem solchen Fall die Protestentscheidung der Jury schriftlich geben lassen. Das beschleunigt die Abwicklung mit der Versicherung. Kommt es während einer Wettfahrt zu einem protestwürdigen Vorfall, gilt es einige Verhaltensregeln gemäß den Wettfahrtregeln zu beachten:

1. Möglichst sofort den Protestgegner durch Zuruf informieren. Hierdurch wird es ihm ermöglicht, die Situation durch Drehen zweier Vollkreise in dieselbe Richtung (720-Grad-Strafkringel) zu bereinigen. Durch Anerkennung seines Unrechts wird die Regelverletzung neutralisiert. Jedoch nicht die Regulierung eines möglichen Sachschadens! Die »720 Grad« müssen vom Regelverletzenden schriftlich bei der Wettfahrtleitung dokumentiert werden.
2. Nach dem Vorfall muss bei der ersten zumutbaren Gelegenheit die Protestflagge, deutlich sichtbar, gesetzt werden. Das Niederholen darf erst nach dem Zieldurchgang erfolgen. Auch ist die Wettfahrtleitung über die Protestabsicht zu informieren, etwa in der Weise: »Wir protestieren gegen die Yacht Hobel, Segelnummer GER 6622.« Hiermit sind alle Regelförmlichkeiten auf dem Wasser erfüllt.

Abb. 89: Protest! Super Nova (rechts) begeht einen eklatanten Regelverstoß. Als außen liegende Yacht hätte sie den innen liegenden Booten Wegerecht geben müssen. Stattdessen wird durch ihr zu enges Runden der Tonne das Feld der folgenden Yachten zusammengeschoben.

Noch ein paar Tipps aus der Praxis:
Unabhängig, ob der Protest »durchgezogen« werden soll oder nicht, nach der Protestsituation müssen sofort Zeugen organisiert werden. Das ist nicht immer einfach, denn leider drücken sich viele Regattateilnehmer aus Bequemlichkeit vor manchmal zeitaufwändigen Protestverhandlungen. Auch sollte man sich sofort die wichtigsten Daten zum Vorfall notieren und skizzieren, wie: Segelnummer des Gegners, Windrichtung, Abstände der Boote zueinander vor dem Vorfall, Abstand zu Bahnmarken vor und während des Vorfalls, die Uhrzeit und die Boote der Zeugen.
Im Hafen zurück, gilt es den Protest schriftlich zu formulieren und den Vorfall zu skizzieren. Hierfür gibt es in der Regel bei der Wettfahrtleitung Formulare. Wenn

irgendwie möglich, sollte man sich bei der Abfassung des Protestes von einem regattakundigen Segler beraten lassen. Für die Abgabe des Protestformulars muss die Protestfrist, meistens zwei Stunden nach Zieldurchgang der letzten Yacht, eingehalten werden.
Als nächstes sollte man Kontakt zu den Zeugen suchen. Auch Crewmitglieder können als Zeugen angehört werden. Wichtig bei Zeugenaussagen ist, dass diese nicht wesentlich voneinander abweichen. Viele Zeugen können auch viele Widersprüche erzeugen. Deshalb ist weniger manchmal mehr.
Der Termin der Protestverhandlung wird am schwarzen Brett ausgehängt. Die eigenen Zeugen sollte man vorsichtshalber zusätzlich informieren. Der Protestgegner muss sich selbst um rechtzeitiges Erscheinen kümmern.
Und dann kommt die Protestverhandlung. Da sitzen dann mehrere, meist dunkelblau gekleidete, ernst dreinschauende Herren, selten Damen, um die Verhandlung zu führen und schließlich das Urteil zu sprechen. Logisch, dass man in solcher Situation nicht gerade in zerlöcherter Jeans und fleckigem Pulli diesen Honoratioren gegenübertreten sollte, denn ein Spruch der Jury hängt von vielen Faktoren ab. Dann werden Protestführer, Gegner und Zeugen gehört. Nirgends wird so viel gelogen wie auf Protestverhandlungen. Um sich nicht unnötig in Widersprüche zu verwickeln und um auch die Jury nicht zu nerven, sollten keine minutenlangen Geschichten erzählt werden. Antworten Sie nur auf die Fragen der Jurymitglieder.
Nach meist kurzer Beratungspause der Jury wird das Urteil gesprochen. Und es ist wie im richtigen Leben: Nicht jeder, der Recht hat, bekommt es auch. Nur zu häufig beeinflussen Name, Image, Clubzugehörigkeit oder andere soziale Verhältnisse diese Rechtsprechung.
Ich erinnere mich an eine Protestverhandlung, bei der sich ein Boot an einer Bahnmarke in die so genannte Innenposition unrechtmäßig hineindrängelte, um Wegerecht zu erlangen. Da ich die Situation nur wenige Meter entfernt und in perspektivisch günstiger Position miterlebte, stellte ich mich als Zeuge zur Verfügung. Meine Aussage, so meine ich noch heute, war sehr fundiert, sachlich und neutral, da ich weder die Kontrahenten persönlich kannte, noch in deren Bootsklasse segelte. Den Beweis der rechtzeitigen Herstellung einer Innenposition konnte der hierzu verpflichtete Reindrängeler nicht erbringen. Ergebnis der Protestverhandlung: Der eigentlich schuldige und beweispflichtige Innenposition-Reindrängler

bekam Recht. Er war Mitglied im Segelclub des Regattaveranstalters, einem bekannten norddeutschen Regattaverein.

Sagt einem der Beteiligten der Schiedsspruch nicht zu, dann kann er - mit dem schriftlichen Urteil und seiner Begründung - in die Berufung gehen. Diese muss schriftlich innerhalb einer vorgegebenen Zeit beim Deutschen Segler-Verband eingereicht werden. Diese Berufungsentscheidung allerdings kann lange dauern. Ich erinnere mich an eine eingereichte Berufung, bei der ich nach eineinhalb Jahren mein Recht bekam.

Fazit: Ein Protest sollte, wo auch immer, möglichst vermieden werden. Es sei denn, dass wesentlicher Schaden entstanden ist. Gerade an der Startlinie oder an Bahnmarken kommt es bei leichtem Wind gelegentlich zu geringfügigen Berührungen von Booten. Ein Protest ist in solchen Fällen besonders reiflich zu überlegen. Stellt sich allerdings heraus, dass stets dieselbe Yacht »XY« an solchen Berührungen schuldhaft beteiligt ist, dann ist - gemeinsam mit glaubwürdigen Zeugen - ein Protest immer gerechtfertigt und auch fällig.

Landes-Seglerverbände

Baden-Württemberg
Bahnhofstraße 22
78224 Singen

Bayern
Georg-Brauchle-Ring 93
80992 München

Berlin
Bismarckallee 2
14193 Berlin

Brandenburg
Seeberg 37
14532 Kleinmachnow

Bremen
Alten Eichen 1
28359 Bremen

Hamburg
Oevelgönne 10
22605 Hamburg

Hessen
Wiesenstraße 30
65719 Hofheim

Mecklenburg-Vorpommern
Alexandrinenstraße 127
18119 Rostock-Warnemünde

Niedersachsen
Lortzingweg 15
26386 Wilhelmshaven

Nordrhein-Westfalen
Friedrich-Alfred-Straße 25
47055 Duisburg

Rheinland-Pfalz
An der Eselshaut 18
67435 Neustadt/Weinstraße

Saarland
Solarpark
66763 Dillingen

Sachsen
Schulstraße 17 J
06369 Radegast

Schleswig-Holstein
Winterbeker Weg 49
24114 Kiel

Thüringen
Am Fuchsgraben 32
07557 Wolfsgefärth

Stichwortverzeichnis